QUIOSCO

Emilce A. Cordeiro
Framingham State College

Jane E. Rizzitano
Framingham High School

Prentice Hall

Upper Saddle River, NJ 07458

Library of Congress Cataloging-in-Publication Data

Cordeiro, Emilce A., (date)
  Quiosco / Emilce A. Cordeiro, Jane E. Rizzitano.
    p. cm.
  Includes index.
  ISBN 0-13-027698-7
   1. Spanish language—Textbooks for foreign speakers—English. I. Rizzitano, Jane E. II.
  Title.

PC4129.E5 C66 2002
468.2'421—dc21

2001045939

Publisher: *Phil Miller*
Senior Acquisitions Editor: *Bob Hemmer*
Development Editor: *Julia Caballero*
Executive Managing Editor: *Ann Marie McCarthy*
Production Editor: *Claudia Dukeshire*
Assistant Editor: *Meriel Martínez*
Editorial Assistant: *Meghan Barnes*
VP, Director of Production and
  Manufacturing: *Barbara Kittle*
Prepress and Manufacturing Manager: *Nick Sklitsis*
Prepress and Manufacturing Buyer: *Tricia Kenny*
Director of Marketing: *Rolando Hernández*
Marketing Manager: *Stacy Best*

Creative Design Director: *Leslie Osher*
Art Director: *Maria Lange*
Interior, Realia, and Cover Design: *Wanda España/*
  Wee Design Group
Line Art Manager: *Guy Ruggiero*
Illustrations: *Mirella Signoretto*
Realia: *Wanda España/Wee Design Group*
Director, Image Resource Center: *Melinda Reo*
Interior Image Specialist: *Beth Boyd*
Manager, Rights and Permissions: *Kay Dellosa*
Photo Research: *Diana Góngora*
Image Coordinator: *Tara Gardner*

This book was set in 10/12 Sabon by *Wanda España/Wee Design Group*
and was printed and bound by *Von Hoffman Press, Inc.*
The cover was printed by *The Lehigh Press, Inc.*

©2002 by Pearson Education, Inc.
Upper Saddle River, New Jersey 07458

Printed in the United States of America
10 9 8 7 6 5 4 3 2 1

ISBN: 0-13-027698-7

Pearson Education LTD., London
Pearson Education Australia PTY, Limited, Sydney
Pearson Education Singapore, Pte. Ltd
Pearson Education North Asia Ltd, Hong Kong
Pearson Education Canada, Ltd, Toronto
Pearson Educación de México, S.A. de C.V.
Pearson Education — Japan, Tokyo
Pearson Education Malaysia, Pte. Ltd
Pearson Education, Upper Saddle River, New Jersey

Contents

Scope and Sequence

Preface

Quiosco is an intermediate communicative Spanish text intended to be used in one semester or two quarters of university study. Its unique approach to learning Spanish encourages the development of all four skill areas, based on the national standards. *Quiosco* provides students with a venue to communicate in Spanish, to compare and contrast their own culture with another one as well as with other subcultures within the Spanish-speaking world, and to make connections with other disciplines. *Quiosco* exposes students to a wide variety of cultural perspectives by incorporating a variety of themes that deal with contemporary issues. Readings in the book are taken from authentic magazine and newspaper articles, which have appeared in journals targeted for native speakers both in the United States and in the Spanish-speaking world. Topics include contemporary issues of interest to men and women, such as technological advances and the sciences, sports, the arts, food, health, the work place, and more. Each chapter contains pre-reading, reading, and post-reading activities that stimulate students to think about the world in which they live. These activities require students to think critically, discuss, and respond in meaningful ways to the ideas and issues presented. *Quiosco* gives students the opportunity to decode readings, comprehend meaning, practice and acquire new vocabulary, express themselves accurately with a partner or in a group, as well as get a grasp of the target language.

The core of the *Quiosco* program is the student text, which consists of eight chapters structured as magazines. Each chapter presents a general theme and simulates various publications that are currently on the market. Major grammatical structures, which appear in the text of the articles, are presented at the end of the chapter for students to review. Advanced grammatical structures are introduced early in *Quiosco* to provide students with the opportunity to move beyond a basic competency in Spanish by mastering from the beginning more difficult syntactic structures. The first chapter provides a review of essential structures that students should have already mastered. Subsequent chapters present the subjunctive mood and commands, the past tenses, future, conditional and probability, the progressive and perfect tenses as well as idiomatic expressions and special expressions with different verbs.

Features of *Quiosco*

- *Quiosco* presents a wide range of authentic magazine and newspaper articles from the Spanish-speaking world.

- The articles deal with contemporary issues. The language is current and natural, and the vocabulary is glossed in Spanish. We included topical lists of words with their English counterparts with the purpose of encouraging students to expand their vocabulary base and their cultural knowledge of the Hispanic world.

- The activities are designed to help students understand the readings at the same time that they use and expand the four primary language skills of listening, speaking, reading, and writing. We have integrated many open-ended activities to challenge students to create more complex structures in the target language.

- The grammar points presented in each chapter stem from the articles in the chapter. We have targeted these grammar points and have presented them in a clear, concise format.

General Organization

Web Activities

Throughout *Quiosco*, students are directed to use technology as a tool for increasing their knowledge of the Hispanic world. Web activities at the beginning of each chapter serve as a warm-up or preview activity and may be completed individually, with a partner, or in small groups.

Ads

Each chapter begins with a culturally authentic advertisement followed by exercises that allow students to preview the theme to come.

Articles

Each chapter progresses from a relatively simple newspaper or magazine article to more difficult ones. Some articles include small inserts called "**Recuerda**" and "**Notas culturales**" geared towards reviewing and/or expanding grammar, vocabulary, and cultural knowledge.

Games

Comics, crossword puzzles, or games are found at the end of each chapter. The goal of this section is to allow students to be creative and playful with the target language.

Grammar Explanation

The grammar review at the end of each chapter presents and provides additional practice for key structures that are functionally related to the readings. Explanations are simple, clear, and concise. Extra practice for grammar sections, also tied to the readings, follow the grammar explanation in a section titled **Práctica de gramática y vocabulario.**

Chapter Organization and Pedagogy

A comenzar

Each magazine or chapter begins with a Web-related activity. Students are directed to go to a similar magazine on the Web, answer questions, and then discuss the content of that particular publication with a partner or in a small group. Students are exposed to authentic and current news as well as global culture.

A mirar

This section serves to introduce the chapter's theme by presenting culturally authentic advertisements followed by corresponding activities. Students may prepare this section as homework or complete it in class if the instructor thinks appropriate.

A pensar

This section introduces the reading while encouraging students to explore what they already know about a particular topic. Students should preview the **A pensar** section outside the classroom, complete the corresponding activities, and be prepared to discuss the topic in class with a partner or in a small group.

A aprender y aplicar el vocabulario

Vocabulary is not grouped in a traditional, thematic format, but rather driven contextually by the reading. It is presented in the target language in order to avoid the tendency to translate word by word and to encourage the development and internalization of Spanish. Students should prepare these sections as homework in order to be able to actively participate in the subsequent class discussion.

 A comprender

This section offers a series of questions or short activities that check students' overall understanding of the reading. It may be prepared as homework by the students or used by the teacher to check overall comprehension.

 A hablar

These paired or small group open-ended activities facilitate the development of the oral/listening skills by sharing common experiences and/or acquired knowledge. Students should complete these activities in class.

 A escribir

This series of questions and/or activities invites the students to express their own opinions on a topic while creating more complex, syntactic structures in Spanish. Students may prepare these topics as homework or complete them in class if the teacher thinks it is appropriate.

 A divertirnos

Games, crosswords, and comics are provided to allow students to be playful with the target language and for extra practice with targeted vocabulary and grammar.

 A escuchar

This section provides students with the opportunity to further practice listening skills. First, the instructor reads a segment to the students. Then, the reading is followed by student response activities that may consist of fill-in-the-blanks, short answers, or formulating questions based on what they have heard.

Techniques and Suggestions for Using *Quiosco*

- Based on the needs of the class, you may choose to read all of the articles in a particular chapter or just some of them.

- Use class time to check comprehension of the articles, to clarify grammatical points, and to provide structured time for monitored oral activities.

- Provide students with classroom guidelines and allow the class to be more student-centered than teacher-centered.

- Minimize the use of English at all times.

- Cooperative learning strategies work well with most activities.

- Pair students as often as possible with different people who are at different levels of competency in the target language.

- During paired and group activities, check for and encourage accuracy of the message. Reserve a few minutes at the end of the activity to point out the most common errors you have heard during the activity.

- Encourage students to keep a journal of corrected mistakes, false cognates, or troublesome structures.

- Recycle vocabulary as well as grammatical structures and cultural concepts as often as possible.

- Avoid monopolizing a discussion or cutting off a controversial conversation. Allow students to develop their opinions and express themselves in the target language.

- Encourage students to reflect on topics, summarize, describe, compare and contrast cultures, and discuss and debate opinions.

- Encourage students to read magazines and newspapers in Spanish, bring authentic materials to class, practice speaking with friends who are native speakers, listen to Spanish music, and watch the Spanish channel of their local television station.

- Use process writing techniques such as pre-writing brainstorming, outlines, formulation of a rough draft, and peer editing.

Program Components

Student Text

Quiosco is principally designed to be used in one semester or two quarters, but it is flexible enough for courses covering two semesters or intensive courses.

Workbook

The workbook parallels the structure of the main text but provides further vocabulary and grammar practice. Exercises are based on the readings found in the text and include fill-in-the-blanks, completion exercises, sentence-building activities, and short answer questions. Process writing activities are also included in the workbook.

Instructor's Resource Manual with Tests

The Instructor's Resource Manual is designed to aid instructors in using the text and offers supplemental materials for classroom use. The manual contains a full Testing Program that evaluates students' comprehension and incorporation of the grammar, vocabulary, and cultural themes presented in the text. It also includes sample syllabi and lesson plans, the scripts for the *A escuchar* sections of the text, and the answers to the workbook activities.

Quiosco Website (*http://www.prenhall.com/quiosco*)

The Website has been carefully developed to correspond to each chapter's presentation of materials. The Website includes vocabulary and grammar practice exercises, which can be graded automatically, and guided Web activities based on authentic Spanish language Websites, which offer opportunities for cultural exploration.

Acknowledgments

The publisher and the authors of *Quiosco* would like to thank the following professors and instructors for reviewing the manuscript. Their comments, suggestions, and criticisms have been invaluable to the development of the book.

Celia Esplugas, West Chester University

David P. Hill, University of South Carolina

Christine E. Swain, Wake Forest University

Ellen C. Nugent McArdle, Raritan Valley Community College

Dianne Broyles, Oklahoma City Community College

Eda Henao, Borough of Manhattan Community College – CUNY

Stanford Bergstrom, Francis Marion University

Clara Chávez Burchardt, Rose State College

Kim B. McGehee, Southeastern Oklahoma State University

We would like to thank **Julia Caballero**, our Development Editor, for her patience, understanding, and friendship throughout the development stages of this textbook. We deeply appreciate all of her comments, suggestions, and support. Special thanks to **Kristine Suárez** for her initial encouragement and faith in our project. We would also like to thank **Rosemary Bradley**, prior Editor in Chief, for her encouragement and the many people at Prentice Hall who contributed their ideas, efforts, and publishing experience. **Roberto Fernández**, Media Editor, for all his great work on the Website; **Meriel Martínez**, Assistant Editor, for her efficient and careful work in managing the preparation of the Workbook and the Instructor's Resource Manual; **Meghan Barnes**, Editorial Assistant, for her hard work and efficiency obtaining reviews and attending to many administrative details. Furthermore, we would like to sincerely thank **Phil Miller**, Publisher, Modern Languages, for his support and commitment to the success of the text; **Mariam Rohlfing**, Development Editor, for her ideas on the development of some chapters of the book; **Bob Hemmer**, Senior Acquisitions Editor, who came in on the final stages of the publishing, for his support and enthusiasm for the project; **Rolando Hernández**, Director of Marketing; **Stacy Best**, Marketing Manager, and the Prentice Hall Sales Directors for their creativity and efforts in coordinating marketing and promotion for *Quiosco*.

The authors would also like to thank **Claudia Dukeshire**, Production Editor, for her hard work and dedication to the text; **Ann Marie McCarthy**, Executive Managing Editor; **Madela Ezcurra**, Copy Editor; **Camelia Townsend**, Proofreader, for their careful and professional work; **Wanda España** for her creative talents in designing and composing the pages and the beautiful cover; **Maria Lange** for her ideas and creativity and for overseeing the book design; **Mirella Signoretto**, for her fine-looking line art creation; and **Diana Góngora**, Photo Researcher.

Special thanks to **David Thakar** for his technical support, ideas, and patience as well as for his ideas for the cover of the book.

We especially thank our colleagues, friends, and family who have lent us their suggestions, patience, and support during the three years of this project.

We lovingly dedicate this book to José, Esteban, Ignacio, Gigi, and Pancho Argüello, David, Elizabeth, Rebecca and Joey Thakar, Fortunato J. Rizzitano, Rosemary Thakar, Héctor Cordeiro, and Juana Germano, and to the memory of Norberto Cordeiro and June Rizzitano.

Personalidades

CAPÍTULO 1

VOCABULARIO

Descripciones
Palabras interrogativas
Subastas
Entrevistas

GRAMÁTICA

Repaso de artículos, sustantivos y
   adjetivos
Comparativos y superlativos
   regulares e irregulares
Sufijos
Ser y **estar**
El presente de los verbos regulares,
   irregulares, con cambio de raíz y
   reflexivos
Los verbos **gustar, encantar,
   molestar, faltar, hacer falta,
   quedar, importar**
Palabras interrogativas
La forma impersonal **hay**
Pensar + infinitivo

DESTREZAS

Cómo hacer una entrevista
Cómo presentarse ante otros
Cómo describir a las personas:
   física y emocionalmente
Cómo expresar planes
   inmediatos

A comenzar

1-1   Ve a la Red al sitio de la revista *Vanidades:* (*www.prenhall.com/quiosco*). Contesta las siguientes preguntas según lo que averigües en la Red y después compara tus respuestas con las de un/a compañero/a de clase. ¿Qué semejanzas y diferencias hay en la información que encontraron?

1. ¿Qué tipo de revista es? ¿Hacia qué público va dirigida?
2. ¿Quién aparece en la portada? Descríbela.
3. ¿Con qué frecuencia se publica la revista? ¿Cuándo se publicó por primera vez?
4. Si quieres suscribirte, ¿cómo puedes hacerlo?

 ## A mirar: Cristina

1-2   Contesta las siguientes preguntas según el aviso sobre Cristina.

1. ¿A qué hora y qué días de la semana se puede ver el programa de Cristina?
2. ¿Cuándo se puede ver *Cristina Edición Especial* y a qué hora?
3. ¿Cuál es la diferencia entre un programa y el otro?
4. ¿Cuál es tu programa de televisión favorito? ¿Qué día de la semana y a qué hora lo puedes ver?
5. ¿Cuál es tu opinión sobre los *talk shows*? ¿Te gustan o no? ¿Por qué?
6. Mira *Cristina* por la cadena Univisión y compara por escrito este programa con otros de este tipo (*Marta Susana*, *Oprah*, *The Maury Povich Show*, *Jerry Springer*, etc.) Menciona semejanzas y diferencias entre ellos. Explica lo que te gusta, te importa o te impresiona más de cada uno. ¿Hay algo en particular que te interesa o te molesta de este tipo de programas?

RECUERDA

Verbs such as **encantar** *to love*, **molestar** *to bother*, **faltar** *to miss, to lack*, **hacer falta** *to miss, to lack*, **interesar** *to interest*, **importar** *to be important, to care,* and **quedar** *to remain* are conjugated like **gustar**. The structure is as follows: **Indirect object pronoun (*me, te, le, nos, os, les*) + third person singular or plural of the verb + subject.** The subject must agree with the verb. Don't forget that the indirect object pronoun indicates for whom or to whom the action of the verb is performed. It can be clarified or emphasized by using **a** + **the prepositional pronoun** after the verb or before the indirect object pronoun.

- **A mí me gusta** la foto.
- **Nos importan** las noticias pero **nos importa** más ver nuestros programas favoritos de televisión.
- **Os falta** dinero.
- **¿Te interesan** los programas de Univisión?
- **¿A ustedes les encantan** los chocolates?

Mark...¡Consuélame!

 A pensar

1-3   Las telenovelas. En parejas respondan las siguientes preguntas.

1. ¿Ves algunas novelas en español o en inglés por la televisión? ¿Cuáles?
2. ¿Cuáles son algunas de las diferencias entre las telenovelas norteamericanas y las hispanoamericanas? Incluye los temas, los personajes, el escenario, el vestuario, la trama y el desenlace, la duración de cada novela, etc.
3. ¿Tienes algún actor preferido o alguna actriz preferida? Descríbelo/la.

 A aprender y aplicar el vocabulario

la cadena: una red de canales

hacer el papel: actuar en una obra de teatro o una película, desempeñar el papel

título en mercadeo: graduado de la escuela de negocios con una concentración de estudios en la compra y venta de un producto

MARK...¡CONSUÉLAME!

El actor Mark Consuelos, de 26 años, con su pelo oscuro, penetrantes ojos color castaño y su sonrisa encantadora hace que las mujeres no se pierdan la telenovela *All My Children*, de la cadena ABC. En ella, Consuelos hace el papel de Mateo Santos, esposo del personaje que interpreta la actriz Kelly Ripa, su esposa en la vida real. Ella reemplaza a Kathie Lee Gifford en el programa *Live with Regis and Kelly*. Consuelos actúa en la telenovela desde 1995, tres meses después de recibir un título en mercadeo. Nació en España, de padre mexicano y madre italiana, pero se crió en Tampa. "No me interesa convertirme en un grande de Hollywood," dice él. "Prefiero estar en casa, en Nueva York, con mi familia."

1-4 Da un sinónimo para cada una de las palabras subrayadas y a continuación usa cada palabra del vocabulario en un párrafo creando frases originales.

1. Los actores <u>actúan</u> en una obra de teatro.
2. ¿Qué es <u>una red de canales</u>?
3. ¿Cómo se llama el <u>título</u> que uno recibe en una escuela donde se estudian negocios?

 ## A comprender

1-5 Contesta las siguientes preguntas según la información del artículo.

1. ¿Cuál es el apellido de Mark? ¿Qué significa esa palabra en español?
2. ¿Cómo es Mark físicamente?
3. ¿Dónde trabaja, por cuánto tiempo y con quién?
4. ¿Cuál es el papel que tiene en la telenovela?
5. ¿Por qué es importante el año 1995 para él?
6. ¿Dónde nació?
7. ¿Cuál es su pasatiempo favorito?
8. ¿Quién es la esposa de Mark y cuál es su profesión?

Notas culturales

Las telenovelas en Estados Unidos por lo general duran muchos años, transcurren en un escenario cerrado y ocurren casi siempre en un ámbito urbano. Las telenovelas en Latinoamérica duran uno o dos años como máximo y ponen mucho énfasis en los escenarios exteriores. Los espectadores tienen una idea real del país en el cual se desarrolla la acción. En Latinoamérica la acción puede estar localizada tanto en áreas urbanas como rurales. Una posible razón de la extensión de las novelas en los Estados Unidos puede ser que la acción se desarrolla lentamente y la trama es más detallada. También tienen aficionados que por generaciones han seguido con fidelidad la misma novela. Además, hay razones económicas que prolongan la vida de las mismas. Por ejemplo, la empresa *Proctor & Gamble* patrocina varias novelas desde hace años y aprovecha para vender sus productos tanto en Latinoamérica como en los Estados Unidos. Por el contrario, en Latinoamérica la acción es más rápida. Generalmente, los latinos prefieren ver personajes nuevos e historias diferentes con más frecuencia. ■

A hablar

1-6   Con un/a compañero/a miren todas las fotografías de este capítulo. Compárenlas. Usen seis comparativos y superlativos.

 ## A escribir

1-7   Elige dos fotografías y, usando una variedad de sustantivos y adjetivos, describe las características físicas que tiene cada persona e imagina las características emocionales de cada una de ellas. Después, inventa una historia breve para cada foto. Recuerda que los adjetivos tienen que concordar en género y número con los sustantivos que modifican.

EJEMPLO: *Mark Consuelos es joven y guapo. Es moreno y no es gordo. Las mujeres se vuelven locas por él. Parece sensible y un buen hombre. Es trabajador y le gusta ser reconocido por sus admiradoras.*

A la una, a las dos...

 ## A pensar

1-8   Contesta las siguientes preguntas en frases completas.

1. ¿Has asistido alguna vez a una subasta? (La subasta es un remate o mercado donde la gente ofrece dinero por un artículo usado y el rematador [el vendedor] acepta o no la oferta.)
2. ¿Qué clase de subasta fue?
3. ¿Quién la organizó y para qué?
4. ¿Compraste algo una vez en una subasta o en *E-bay* en la Red? Describe el proceso que seguiste.
5. ¿Qué compraste o no y por qué?

 ## A aprender y aplicar el vocabulario

la sucursal: un local secundario de un negocio

la subasta: donde se rematan (venden) cosas al que ofrece más por ellas

incansablemente: sin cansarse

tras abandonar: depués de dejar

el derecho: el estudio de las leyes

Continúa

dedicarse: trabajar incansablemente en algo

la curadora: la conservadora, la persona encargada de preservar colecciones de arte en un museo

el modo: la manera, la forma

la meta: lo que se quiere lograr, el fin, el objetivo

A la una, a las dos...

"El arte latinoamericano es más que cuadros de frutas tropicales", dice Ana Sokoloff, especialista en pintura latinoamericana de la sucursal neoyorquina de *Christie's*, la casa de subasta de arte. Sokoloff, colombiana de 34 años, ha promovido incansablemente el arte latinoamericano en el mundo.

Tras abandonar su carrera de derecho para dedicarse a la historia del arte en la Universidad de Columbia, trabajó como curadora y coordinadora de exhibiciones para *Americas Society* y la Misión de Colombia ante las Naciones Unidas. En la actualidad, organiza las dos subastas anuales de pintura latinoamericana de *Christie's*, que generan 25 millones de dólares en ventas.

"Mi meta es dar a conocer internacionalmente a los artistas latinoamericanos. Es un modo de no perder el contacto con mis raíces."

1-9 Completa los siguientes espacios en blanco con las palabras del vocabulario:

Hoy la (1)_____ del museo se (2)_____ a preparar una (3)_____ de cuadros del pintor mexicano Diego Rivera. Ella tiene la (4)_____ de vender todos los cuadros. Los que no pueda vender los piensa llevar a una (5)_____ del museo Metropolitano de Nueva York. Sin embargo, esta profesión es muy difícil así que en el futuro piensa abandonar este trabajo y quiere estudiar en la facultad de (6)_____.

A comprender

1-10 Escribe las preguntas que corresponden a las siguientes respuestas. Es posible que haya más de una pregunta correcta para cada respuesta.

1. ¿_____?

Soy Ana Sokoloff y trabajo como curadora de arte.

2. ¿_____?

Trabajo para la casa Christie's desde hace cinco años.

3. ¿_____?

Soy de Colombia pero ahora estoy viviendo en New York.

4. ¿_____?

Mi objetivo es presentar los artistas latinoamericanos ante el público norteamericano.

5. ¿_____?

Este año voy a organizar dos subastas.

 ## A hablar

1-11 ¿Te gusta el arte? Si no has ido nunca a un museo de arte, puedes ir a la Red y buscar sitios de museos de arte. Por ejemplo, ve al sitio de *Art links.* (*www.prenhall.com/quiosco*). En parejas, hablen sobre una exposición de arte que vieron recientemente, en persona o en la Red. Comenten lo que observaron. ¿Había una exposición especial durante la visita? ¿Qué tipo de arte era?

 ## A escribir

1-12 Imagina la siguiente situación: estás trabajando en un puesto que no te gusta. Escribe un párrafo que describa cuáles son tus planes para el futuro cercano. Debes escribir por lo menos seis frases. Usa **ir + a + infinitivo** (*going to*) para indicar lo que vas a hacer en el futuro inmediato, o **pensar + infinitivo** (*to plan, to intend to*) para indicar tus planes futuros.

EJEMPLOS: *Pienso mudarme a…*
Voy a estudiar algo nuevo.

RECUERDA

- **pensar (ie):** *to think, to intend*

  Pensamos comprar muchos objetos en la subasta.

- **pensar que:** *to think that…*

  Pienso que Ana Sokoloff es la curadora del museo.

- **pensar en:** *to think about someone or something*

  Pienso en Diego Rivera, el famoso artista mexicano.

- **pensar de:** *to have an opinion*

  ¿Qué **piensan de** la organización de la subasta?

RECUERDA

Interrogative words are used to formulate questions and they require an accent to diferenciate them from the relative pronouns.

¿Qué?	*What?*	**que**	*that*
¿Cuál?	*Which?*	**cual**	*which*
¿Cómo?	*How?*	**como**	*like*
¿Dónde?	*Where?*	**donde**	*where*
¿Cuándo?	*When?*	**cuando**	*when*
¿Quién/es?	*Who?*	**quien/es**	*who*

Daisy Fuentes

 A pensar

1-13 Contesta las siguientes preguntas con frases completas.

1. ¿Sabes quién es Daisy Fuentes? Si no lo sabes, busca información sobre ella en la Red.
2. ¿En qué programa de televisión trabaja?
3. ¿De dónde es?
4. ¿Cómo es su aspecto físico?

A aprender y aplicar el vocabulario

desfilar: modelar

volverse: darse la vuelta, girarse

el asombro: la sorpresa

preguntarse: hacerse preguntas a uno mismo

verse: observarse a uno mismo

convertirse: cambiarse, transformarse

el/la presentador/a del tiempo: reportero/a del pronóstico del tiempo, periodista meteorológico

el/la anfitrión/a: la persona que invita u hospeda

el/la estilista: la persona que se ocupa del maquillaje, vestuario o peinado

conlleva esfuerzo: requiere dedicación

sazonado: perfumado, condimentado

sentirse: experimentar una emoción

Daisy Fuentes

Una cubana que deja su marca en inglés.

Incluso durante el evento más sagrado de Hollywood, Daisy Fuentes, la ex presentadora de *America's Funniest Home Videos*, sabe mantener su sentido del humor. Hace dos años en la ceremonia de los Óscares, mientras desfilaba con su novio Luis Miguel (el cantante mexicano), la gente se volvía a mirarla y ella no salía de su asombro. Sorprendida se preguntaba "¿Me están mirando porque me veo bien o porque tengo mi vestido trabado en mis panties; o tendré un pedazo de papel higiénico pegado al zapato?" dice Fuentes, de 32 años, riéndose. La verdad es que la gente estaba observando a la mujer que, con curvas de campeonato y piernas infinitamente largas (mide 5'10"), llegó adonde otras latinas nunca habían llegado. En 1992 esta ex presentadora del tiempo, de origen cubano, que se hizo famosa como anfitriona de MTV, se convirtió en la primera modelo hispana que firma un contrato con Revlon, trabajando junto a Cindy Crawford y Claudia Schiffer. "Tiene mucho glamour," dice Karen Kawahara, su estilista. "En camiseta y jeans se ve glamorosa." Pero la belleza conlleva esfuerzo. Baños calientes sazonados con aceite para bebé, masajes y manicuras ayudan a Fuentes a sentirse "toda una mujer"... ¡Y eso sí que no es un chiste!

1-14 Llena los espacios en blanco con una palabra correcta de la lista de vocabulario. Usa el presente.

1. Daisy _____ con su novio en la ceremonia de los Óscares.
2. Mucha gente _____ a verla por su apariencia.
3. Daisy _____ ¿por qué me están mirando?
4. La _____ de ella dice que Daisy tiene mucho glamour.
5. Antes de ser modelo y actriz, Daisy era _____ del _____.
6. Después trabajó como _____ de *America's Funniest Home Videos*.

A comprender

1-15 Contesta las siguientes preguntas y después compara las respuestas con un compañero de clase.

1. Haz una lista de las profesiones y trabajos de Daisy Fuentes.
2. ¿Qué le pasó en la ceremonia de los Óscares?
3. ¿Con quién estaba?
4. ¿Por qué se sorprendió cuando la gente se volvió a mirarla?
5. ¿Cuál fue su reacción inicial?
6. ¿Dónde nació Daisy?
7. ¿Por qué fue importante su contrato con Revlon?
8. ¿Cuántos años tiene Daisy según el artículo?

A hablar

1-16 Haz una lista de actrices o actores latinos famosos. Compara tu lista con la de un compañero/a de clase. Elijan luego a un/una actor/la actriz que conozcan más y hablen de su carrera profesional. ¿Quién es? ¿Qué hace y dónde actúa? ¿Cuándo comenzó su carrera?

A escribir

1-17 Escoge por lo menos seis palabras del artículo y úsalas en un párrafo original que resuma la carrera de Daisy Fuentes. Utiliza el presente del indicativo para escribir tu texto.

Albita

 A pensar

1-18 En grupos de tres o cuatro estudiantes, respondan las siguientes preguntas.

1. ¿Saben quién es Emilio Estefan y cuál es su profesión? Si no lo saben, vayan a la Red y busquen información sobre él.
2. ¿Cuál creen que es la relación entre Albita y Emilio Estefan?
3. ¿Saben cuál fue la profesión de Emilio Estefan antes de dedicarse a la producción de música?
4. ¿Reconocen el nombre de "Miami Sound Machine"? Cuenten lo que saben de esto.

1-19 Ve a un sitio de la Red que contenga información de Gloria Estefan e investiga sobre la banda "Miami Sound Machine". Escucha un ejemplo de su música. ¿Quién es la cantante principal? ¿Qué hace ella ahora? Describe el ritmo de las canciones. ¿De qué tipo de música se trata? Compara su música con la de tu banda favorita. Comenta con la clase las diferencias entre ellas. ¿Piensas que comprarías un CD de esta banda? ¿Por qué? ¿Qué no te gusta de ella? ¿Sabes a qué artistas los Estefan han apoyado recientemente?

 A aprender y aplicar el vocabulario

impuestas: forzadas

las muñequeras: *wristbands*

los tachones: *snaps*

la cremallera: el cierre, *zipper*

el escote: parte superior de una blusa o un vestido, *neckline*

el lanzamiento: la presentación, la puesta en venta

la vampiresa: la diva

la etiqueta: *record label*

el asunto: el tema

los tacones: los zapatos altos

las muecas: los gestos de la cara

desvivirse: esforzarse, afanarse

no cabe duda: seguro

surgir: aparecer

A·L·B·I·T·A

Cuando, hace cuatro años, cruzó la frontera mexicana para escapar de las restricciones impuestas a su carrera en Cuba, Albita usaba muñequeras con tachones, jeans en dos tonos y camisas llenas de cremalleras, como se estilaba en los años 80.

Un año después, firmó un contrato con Emilio Estefan para su etiqueta *Crescent Moon* y comenzó a vestir con trajes de hombre, por Armani.

Con el lanzamiento de su segundo disco compacto en los Estados Unidos, *Dicen que...,* surgió la vampiresa de pelo rubio, con el escote bajo y los tacones altos. No obstante, cuando se le menciona el asunto de su imagen, hace una mueca y dice:

"¿Qué es eso de imagen? Hasta los que se desviven por no tenerla, la tienen". Pero no cabe duda que esos cambios le han ganado la atención del público.

1-20 Llena cada espacio en blanco con la forma correcta de una palabra de la lista.

1. La semana próxima vamos al centro cultural para asistir al _____ de un nuestro libro.

2. Mi madre se _____ para que las visitas se sientan cómodas.

3. _____ que voy a obtener una "C" en mi clase de matemáticas.

4. En la calle hay una muchacha que lleva _____ altos y está vestida con ropa de cuero.

5. El abogado piensa que el _____ es muy difícil de resolver.

6. Tengo atascada la _____ de mi chaqueta.

 ## A comprender

1-21 Contesta las siguientes preguntas según la información del artículo.

1. ¿Cuándo llegó Albita a los EE.UU?

2. Describe los tres estilos por los que pasó la cantante.

3. ¿De dónde es Albita?

4. ¿Qué tipo de música canta?

5. ¿Quién se encarga de sus asuntos artísticos y financieros?

A hablar

1-22 Ve a la Red y busca información sobre Albita Rodríguez en el sitio (*www.prenhall.com/quiosco*). Escucha una canción suya (por ejemplo: "Una mujer como yo"), y habla con tus compañeros/as de su estilo musical. ¿Qué te gusta/molesta/interesa, etc. más? Si puedes, imprime la letra de una canción (*www.prenhall.com/quiosco*) y compártela con la clase. ¿Cuál es el tema de la canción? ¿Cómo te sientes al oírla?

 ## A escribir

1-23 Sigue las instrucciones que están a continuación.

1. Escribe un párrafo breve y explica quién es tu cantante o banda favorito/a. ¿Por qué? ¿Qué tipo de música prefieres?

2. Ve a la Red y busca información sobre los artistas latinos más populares (por ejemplo: Ricky Martin, Gloria Estefan, Jennifer López, Luis Miguel, Enrique Iglesias, Carlos Ponce, Chayanne, Shakira, Elvis Crespo, Rubén Blades o Cristina Aguilera, entre otros). Escoge uno de ellos y escribe un párrafo con la información que averiguaste. ¿Cuáles son sus últimos éxitos? ¿Qué tipo de música canta? ¿Piensa sacar a la venta CDs en español o en inglés? ¿Qué opinas del triunfo reciente de los cantantes latinos en los EE.UU.? Luego, en grupos de tres o cuatro, compartan y comparen la información que han obtenido y escrito.

Ya descansa paz

 ## A pensar

1-24 Contesta las siguientes preguntas en frases completas.

1. ¿Conoces a algunos escritores/poetas latinoamericanos? ¿Cuáles?
2. ¿Cuál es tu autor/a favorito/a?
3. ¿Cuál es tu novela/poema/cuento favorito?

 ## A aprender y aplicar el vocabulario

el elogio: el reconocimiento del mérito de una persona o cosa
reemplazar: cambiar, poner a una persona o cosa en lugar de otra
las llamas: el fuego, las chispas
arrasar: destruir
aquejar: afligir, hacer sufrir
empeorar: ponerse peor, estar grave
renunciar: rechazar, abandonar
desarraigar: perder las raíces
el cargo: *el puesto*

Continúa

el caudillo: la persona que tiene poder político

los lazos: las conexiones con una persona o un lugar

la herencia: el dinero o bienes que se reciben después de la muerte de alguien

heredados: trasmitidos de generación en generación

la andaluza: una mujer de Andalucía

los antifascistas: las personas en contra de los fascistas

el lema: las palabras o frases representativas

colérico: enojado

de haberlo traído: *having brought it*

pedante: una persona que tiene muy buena opinión de sí misma

el fanfarrón: una persona que presume de ser mejor que otros

Ya descansa Paz

Cualquier elogio a Octavio Paz es superfluo a estas alturas de su gloria *(Gabriel García Márquez)*

Algunas personas, algunas cosas, algunos recuerdos no se pueden reemplazar. El 21 de diciembre de 1996, cuando las llamas arrasaban el apartamento y la biblioteca del poeta y ensayista mexicano Octavio Paz, una página de las letras del siglo XX empezaba a consumirse. De ese golpe de fuego, el ganador del Nobel de Literatura en 1990 no pudo recuperarse y el cáncer de los huesos, que lo aquejaba desde hace varios años, siguió la lenta labor de arrebatarle su fructífera vida de 84 años. Paz, el escritor que nos hizo pensar y nos forzó a mirarnos en el espejo de sus ideas, murió el 19 de abril, 1998.

Nacido en la Ciudad de México el 31 de marzo de 1914, Paz vivió los embates de la Revolución, y cuando las cosas empeoraron, la familia tuvo que abandonar el país y refugiarse en Los Ángeles, California. Esa experiencia lo marcó de por vida porque por primera vez experimentó el desarraigo. "Si yo no soy de aquí ni soy de allá, entonces, ¿de dónde soy?" se preguntaba en su texto *La espiral*, publicado en 1992.

Años más tarde sabría exactamente su origen, ése que le permitió desarrollar su visión crítica del mundo. Por eso, Paz nunca hizo honor a su apellido. En octubre de 1968 renunció a su cargo como embajador en India en protesta por la masacre estudiantil de Tlatelolco. Desencantado del llamado "socialismo real," el ganador del Premio Cervantes en 1981, criticó a la izquierda mexicana y a Fidel Castro, de quien dijo en 1966, que como caudillo era un buen ejemplo de los problemas latinoamericanos. "Los caudillos no son de derecha ni de izquierda. Los caudillos son caudillos."

Pero no siempre estuvo contra las revoluciones. Quizá por los lazos de sangre heredados de su madre, la andaluza Josefina Lozano, Paz mantuvo una estrecha relación con España, a donde acudió en 1937, en compañía de su primera esposa, la escritora Elena Garro, para asistir al II Congreso Internacional de Escritores Antifascistas, y donde leyó su célebre lema: "No pasarán." A este evento lo invitó Pablo Neruda, quien antes de morir en 1973, dejó en su autobiografía el siguiente párrafo: "De México llegó el poeta Octavio Paz. En cierto modo me sentía orgulloso de haberlo traído…había publicado un solo libro, pero me pareció contener un germen verdadero. Entonces nadie lo conocía."

De esos años a la fecha, lo conoció mucha gente, y como nadie, su segunda esposa, la francesa Marie-José Tramini, quien en un artículo publicado en el periódico *El País*, de España, lo describió como un hombre no pedante, ni prudente, ni fanfarrón…más bien como colérico, divertido, legal e intransigente en la creación… "Gracias a Dios, ¡no es un santo!"

El sociólogo español Fernando Savater fue una de las últimas personas que recibió. "Le fui a llevar mi libro, pero fue impresionante verlo así, en su silla de ruedas y dulcemente silencioso. Con mucho esfuerzo lo tomó y a duras penas me sonrió." Fue una de sus últimas sonrisas, según confirmó su esposa, pero él ya estaba preparado, ya lo había escrito: "Soy hombre: duro poco/y es enorme la noche./ Pero miro hacia arriba:/ las estrellas escriben./ Sin entender comprendo:/ también soy escritura/ y en este mismo instante/ alguien me deletrea." ∎

1-25 Llena cada espacio en blanco con la forma correcta de la palabra adecuada de la lista.

1. Las _____ del fuego destruyeron la biblioteca de Octavio Paz.
2. El fuego también _____ su apartamento.
3. Paz _____ a su cargo de Embajador en la India.
4. Su mujer era _____; esto quiere decir "de Andalucía".
5. Octavio Paz se enojaba con frecuencia, era una persona muy _____.

1-26 Lotería (*Bingo*): Haz una tabla de tres columnas verticales y tres horizontales. Llena cada espacio con una palabra de la lista de vocabulario del artículo sobre Octavio Paz. No uses las palabras en orden. Tu profesor/a leerá la definición de algunas de las palabras. Cada vez que la definición concuerde con una palabra de tu tabla, haz una cruz sobre ella. La persona que primero obtenga tres palabras en una línea horizontal, vertical o diagonal, gana.

A comprender

1-27 Contesta las siguientes preguntas, después de leer el artículo.

1. Describe brevemente la vida de Octavio Paz.
2. ¿De qué murió?
3. ¿Por qué debió dejar México con su familia?
4. ¿Cuál es la obra que refleja este sentimiento?
5. ¿Qué premios ganó Paz durante su vida?
6. ¿Cómo lo describe su segunda esposa?
7. ¿Qué significa "Soy hombre: duro poco y es enorme la noche./ Pero miro hacia arriba:/ las estrellas escriben./ Sin entender comprendo:/ también soy escritura/ y en este mismo instante alguien me deletrea"?

 ## A hablar

1-28 En parejas representen un diálogo entre Octavio Paz (O.P.) y un/a periodista. Usando los adjetivos de la lista de vocabulario, hagan preguntas y respondan. El comienzo de lo que dicen el/la periodista se da a continuación.

EJEMPLO: PERIODISTA: —*Se dice que Ud. es una persona bastante colérica, ¿es verdad?*
O.P.: —*Sí, pero soy un hombre muy divertido también.*

1. PERIODISTA: La gente lo conoce como…
   O.P.:

2. PERIODISTA: Su esposa piensa que…
   O.P.:

3. PERIODISTA: Pablo Neruda opina que…
   O.P.:

4. PERIODISTA: Ud. piensa que los antifascistas…
   O.P.:

5. PERIODISTA: Se dice que Ud. es…
   O.P.:

 ## A escribir

1-29 Eres periodista para la revista *Gente*. Conoces a Octavio Paz desde hace poco. Usando la información del ejercicio previo y del artículo, escribe una descripción del autor incluyendo características físicas, emocionales e intelectuales.

A divertirnos: Juegos en el *Far West*

1 Busca las seis diferencias que hay entre nosotros.

2 Hay un elemento que se repite once veces. ¿Cuál es?

3 Estoy enamorado de Elisa que es la chica que usa trenzas, tiene un moño, grandes aros y collar…¿Sabes cuál es Elisa?

4 Forma una cadena que vaya de la mesa A a la mesa H, buscando un detalle en común que las conecta.

5 He visto trillizos en el salón. ¿Dónde están?

6 En este salón hay 15 cosas muy raras. ¿Puedes encontrarlas?

1: La pluma, la cola de caballo, la manga, los flecos, el grano en la nariz, el hacha.

2: La herradura.

3: Elisa es la cuarta contando desde la izquierda.

4: De A a C por la carta, de C a G por la botella, de G a B por el cigarro, de B a F por el remiendo, de F a D por la flor, de D a E por la vela y de E a H por la copa.

1-30 Con un/a compañero/a de clase, miren el dibujo y contesten las siguientes preguntas oralmente.

1. ¿Qué clase de animales hay en el juego y dónde están? Descríbanlos.
2. Elijan 5 o 6 personajes y describan las características físicas de cada uno.
3. Describan los elementos que hay en el suelo del salón. Incluyan detalles.
4. ¿Qué estereotipos se encuentran en el dibujo?
5. ¿Cuántas mujeres hay? ¿Cómo están vestidas y por qué?
6. ¿Cuántos meseros hay? ¿Qué hacen?
7. Mencionen por lo menos 6 cosas que no tienen sentido en el dibujo.
8. Identifiquen los colores que se imaginen en el dibujo y los diseños de la ropa de la gente. Incluyan varios adjetivos en su descripción.
9. ¿Cuántas sillas hay? ¿Cuántas armas? ¿Cuántos vasos? ¿Cuántas personas?
10. ¿Cuántas botellas se ven en las mesas?
11. ¿Cuántas personas están peleando?
12. ¿Qué opinan del dibujo?
13. ¿Dónde están las mujeres y qué hacen?
14. Escojan dos mesas y describan las escenas de cada una empleando los verbos **ser** y **estar** y las preposiciones de lugar.

RECUERDA

- **Hay** *there is, there are* is an impersonal verb and as such is not conjugated.

- En Argentina se usa el voseo, es decir, el uso de "vos" en vez de tú. Es una forma pronominal del español antiguo que estaba reservada para personas importantes. Hoy en día algunos países como la Argentina, Perú, Costa Rica y Guatemala aún la utilizan.

 ## A esuchar

1-31 Tu profesor/a va a leer dos veces un párrafo sobre una telenovela latina. Antes de que él/ella comience, lee las preguntas con cuidado. Después de oír el párrafo por segunda vez, responde las preguntas que están a continuación. El párrafo contiene vocabulario y estructuras que has visto a lo largo del capítulo.

1. ¿Cómo se llama la telenovela?
2. ¿Cuál es el país de origen de esta novela?
3. ¿Qué días y a qué hora se puede ver este programa?
4. ¿Por qué cadena televisiva se puede ver?
5. ¿Cuál es la trama?

Explicación gramatical

This section should be used to reinforce the grammar that appears in the articles which you have just read. You may use it to clarify points that are not clear, to review the grammar, or simply for more practice.

Definite and Indefinite Articles

There are four definite and four indefinite articles. They must agree in number and gender with the noun(s) they modify.

el actor	**los** actores	**la** novela	**las** novelas
un escritor	**unos** escritores	**una** cubana	**unas** cubanas

Use the masculine article **el** with nouns that begin with stressed /a-/ or /ha-/. These are feminine words but they need a masculine article. The plural of these forms always takes the feminine article **las**.

el hada	**el** hacha	**el** águila	**el** ave	**el** alma
las hadas	**las** hachas	**las** águilas	**las** aves	**las** almas

Uses of the Articles:

- To refer to a place, thing, or specific person

    La actriz Daisy Fuentes es famosa.
    El actor Mark Consuelos es interesante.

- To express generalities

    Los actores latinos son importantes.

- With titles such as **Señor, Señora** except **don** and **doña**, and when speaking to someone directly

    La doctora Sokoloff es buena.
    Doctora Sokoloff, ¿cómo está usted?

- With the names of countries and persons that are modified

    La Argentina moderna
    La pobre Albita

- With some names of countries and cities such as **El** Salvador, **La** Habana, **La** República Dominicana, **Los** Ángeles. The definite article is optional with the following countries:

  (la) Argentina, **(el)** Brasil, **(el)** Canadá, **(el)** Ecuador, **(los)** Estados Unidos, **(el)** Uruguay, **(el)** Perú

- Others don't require the article such as:

  Italia, México, España, Colombia, etc.

- To express time and when an event will occur:

  El programa de Daisy es **el** domingo a las cuatro.
  Las subastas son **los** jueves.
  Es **la** una.
  Son **las** dos y cuarto.

- With parts of the body:

  —¿Te duele **la** cabeza?
  —No, me duele **el** estómago.

- With articles of clothing:

  El bikini de Daisy es amarillo.
  Ponte **el** pijama, hijo.

- The indefinite article is not used before the quantitative adjectives **cierto, otro, ciento, mil** or **medio.**

  Cierto día pienso ir al campo para relajarme.
  Otro artículo habla de los cantantes.

- Omit the indefinite articles after the verb **ser,** and after nouns of nationality, profession or affiliation when they are not modified.

  Daisy es católica.
  Albita es cubana.
  Esos hombres son actores.

The Gender of Nouns

- Words that end in /-**a**/ are usually feminine and /-**o**/ usually masculine.

- Certain words with a Greek root ending in /–**ma**/ or /-**pa**/ are masculine, and usually are cognates.

  el ma**pa**, el te**ma**, el siste**ma**, el proble**ma**, el poe**ma**, el cli**ma**, el panora**ma**

- Other common words that end in –**ma** or –**pa**, that are feminine, and are not of Greek origin, are:

  la ca**ma**, la alar**ma**, la go**ma**, la palo**ma**

- Words ending in /-**tad**/, /-**dad**/, /-**ción**/, /-**sión**/ y /-**umbre**/ are feminine.
  la liber**tad**, la ciu**dad**, la can**ción**, la pre**sión**, la muche**dumbre**

- Some words change completely to indicate gender.
  el toro: la vaca
  el caballo: la yegua
  el macho: la hembra

- Other words change form to indicate gender.
  el poeta: la poetisa   el emperador: la emperatriz
  el actor: la actriz   el príncipe: la princesa

- Certain words do not change form and indicate gender by the article.
  el modelo: la modelo
  el testigo: la testigo

- To pluralize, add /-**es**/ to words that end in a consonant, and /-**s**/ to words that end in a vowel.
  el actor: los actores
  la mujer: las mujeres

- Nouns ending in /-**ista**/ requiere the article in order to determine if it is feminine or masculine.
  el artista: los artistas
  la artista: las artistas

- Certain words that end in /-**s**/ are singular or plural and agree with the noun it precedes.
  el cumpleaños: los cumpleaños   el paréntesis: los paréntesis
  el lunes: los lunes   la dosis: las dosis
  el paraguas: los paraguas

Adjectives

Adjectives in Spanish are classified as **qualitative** or **determinative**. Qualitative adjectives add a substantive quality to a noun and convey meaning such as **bueno, hermoso, rubio, calvo, moreno,** etc.

La Mona Lisa es **morena**.

Determinative adjectives do not convey meaning by themselves and are classified on the next page.

1. **Demonstrative adjectives** are used to indicate spatial or temporal distance between the person who is speaking and the object. They must agree in number and gender with the noun they modify.

este	esta	estos	estas
ese	esa	esos	esas
aquel	aquella	aquellos	aquellas

—¿Prefieres **esta pintura** de Frida Kahlo de aquí enfrente o **aquel cuadro** de Diego Rivera en el otro salón?
—Prefiero **esos dibujos** de Remedios Varo que están al lado de los de Frida Kahlo.

2. **Possessive adjectives** establish the relationship of property between the object possessed and the possessor. The short form of possessive adjectives are used before the noun and agree in number and gender with the thing possessed, **not** with the possessor.

mi	mis	nuestro/a	nuestros/as
tu	tus	vuestro/a	vuestros/as
su	sus	su	sus

Mi meta es dar a conocer los cuadros de pintores latinos, dice Ana Sokoloff.
—¿**Tu** novio es Luis Miguel?
—No, ya no es **mi** novio. Está con Mariah Carey ahora. Es **su** novio.

The long form of the possessive adjectives are placed after the noun and must agree in number and gender with the noun. They are generally used for emphasis and follow the verb **ser**. These adjectives may also be used as possessive pronouns when preceded by a definite article, except after the verb **ser**. These are the same forms of the possessive pronouns.

—¿Es la canción **tuya**, Albita?
—Sí, es **la mía**.

mío	mía	míos	mías
tuyo	tuya	tuyos	tuyas
suyo	suya	suyos	suyas
nuestro	nuestra	nuestros	nuestras
vuestro	vuestra	vuestros	vuestras
suyo	suya	suyos	suyas

Esta es la subasta **mía**.
La vida **nuestra** es más interesante que la de Cristina.

3. **Indefinite adjectives** express the idea of inexact quantity and agree in number and gender with the noun: **cierto, todo, poco, demasiado, alguno, varios.**

> **Pocos** actores latinos han triunfado pero esto está cambiando en la actualidad.
> **Ciertos** pintores mexicanos están bien cotizados.
> **Algunos** escritores latinos han ganado el Premio Nobel.

4. **Ordinal numerals** express a precise order and must agree in number and gender with the nouns modified. **Primero** and **tercero** shorten to **primer** and **tercer** before masculine singular nouns.

Cardinales	Ordinales
uno	primer(o)
dos	segundo
tres	tercer(o)
cuatro	cuarto
cinco	quinto
seis	sexto
siete	séptimo
ocho	octavo
nueve	noveno
diez	décimo
once	undécimo
doce	duodécimo

> Es la **segunda** subasta del año en Nueva York, pero la **décima** en Bogotá.
> El **primer** programa de Cristina fue todo un éxito.
> Octavio Paz escribió su **tercer** libro cuando era joven.
> El **undécimo** mes del año es noviembre y el **duodécimo** es diciembre.

Comparatives: Nouns/Adjectives/Adverbs

The following structures should be used to compare adjectives, adverbs and nouns.

Comparison of Inequality

más + adjective/adverb/noun + **que** + noun
menos + adjective/adverb/noun + **que** + noun

> La Mona Lisa es **más** vieja **que** Cristina.
> Cristina habla **más** rápidamente **que** Maite.
> Mark Consuelos tiene **más** aficionados **que** otros actores.
> Albita es **menos** guapa **que** la Mona Lisa.

Comparison of Equality

tan + adjective/adverb + **como** + noun

> Cristina es **tan** famosa **como** la Mona Lisa.
> Daisy Fuentes actúa **tan** bien **como** Mark Consuelos.

tanto/a/os/as + noun + **como**
tanto/a/os/as + **como**

> ¿Albita tiene **tantos** aficionados **como** Jon Secada? —Sí, tiene **tantos como** él.
> Yo tengo **tanto** dinero **como** tú.
> Tú no tienes **tanta** tarea **como** yo.
> Ana Sokoloff tiene **tantos** cuadros **como** otras sucursales.
> Los tenistas usan **tantas** muñequeras **como** los jugadores de baloncesto.

The Superlative

The superlative form of adjectives is expressed by **definite article + más/menos + adjective + de + noun**

> Albita es **la menos** conocida **de** las cantantes cubanas.
> Cristina es **la más** popular **de** todas las locutoras cubanas.

The Absolute Superlative

The absolute superlative expresses the maximum quality of an adjective. It is formed by dropping the final vowel of the adjective and adding the suffixes **-ísimo/-os** and **-ísima/-as.**

> Cristina es **conocidísima**.
> Daisy Fuentes es **famosísima** en los Estados Unidos.

There are some irregulars.

> fiel: **fidelísimo**
> nuevo: **novísimo**
> fuerte: **fortísimo**

Adjectives that end in **–ble** form the absolute superlative by adding the suffix: **-bilísimo**

> amable: **amabilísimo**

The table below lists the irregular adjectives and adverbs, comparatives, superlatives and absolute superlatives. The adjectives must agree in number and gender with the noun they modify.

Adjective/Adverb	Comparative	Superlative	Absolute Superlative
bueno	mejor	el mejor	óptimo
malo	peor	el peor	pésimo
pequeño	menor	el menor	mínimo
grande	mayor	el mayor	máximo
mal	peor	el peor	pésimo
bien	mejor	el mejor	óptimo

Cristina es **la mejor** locutora.
Muchos de esos cuadros son **pésimos**.
La Mona Lisa es un cuadro **óptimo**.
Ricki Lake es **menor que** Cristina, pero la Mona Lisa es **mayor que** ellas.

Diminutive and Augmentative Suffixes

Certain suffixes in Spanish change the meaning of the nouns in either a positive or a negative way.

Noun/Adjective	Augmentatives	Diminutives	Pejorative
	-ote /-ota	-ito /-ita	-ucho/a
	-ón/-ona	-ico/-ica	-ón/-ona
flaco	flacote	flaquito	flacucho
soltero	solterote	solterito	solterón

Mark Consuelos es un muñec**ote**.
Daisy Fuentes es grand**ota**, mide 5 pies con 10 pulgadas.
Marta es grando**tona**, pero su hija es chiqu**itica**.

The Verbs ser and estar

Ser and **estar** are irregular verbs meaning *to be*. Both are irregular.

	Ser	Estar	*to be*
yo	soy	estoy	*I am*
tú	eres	estás	*you are*
usted, él/ella	es	está	*you are, he/she/it is*
nosotros/nosotras	somos	estamos	*we are*
vosotros/vosotras	sois	estáis	*you are*
ustedes, ellos/ellas	son	están	*you, they are*

Uses of *ser*

- To indicate origin: **Daisy es cubana.**
- To indicate possession: **El libro es de Octavio Paz.**
- To express material: **La bolsa de Cristina es de cuero.**
- To express characteristics such as color, size, shape: **El bikini de Daisy es amarillo.**
- To indicate time, days, dates, seasons, time, and location of an event: **La subasta es a la una y es en el auditorio.**
- To form certain impersonal expressions: **es** importante, **es** necesario.

Uses of *estar*

- To indicate places:

    San Francisco **está** en California.
    Octavio Paz **está sentado** al lado de su biblioteca.

- To indicate changeable conditions such as emotions, impressions, or mental state:

    Octavio Paz **estaba** enfermo y por eso murió.

- As a helping verb to form the progressive tenses: **estoy caminando, está bebiendo, están saliendo.**

- With past participles used as adjectives:

    El abuelo **está** muerto.

- With idiomatic expressions:

    estar conforme: *to agree*
    estar de acuerdo: *to agree*
    estar de prisa: *to be in a hurry*
    estar de buen humor: *to be in a good mood*
    estar de mal humor: *to be in a bad mood*
    estar de vuelta: *to be back*
    estar por: *to be in favor of*

Ser vs. *estar*

Some adjectives change meaning with **ser** or **estar**.

Adjective	Ser	Estar
aburrido/a	*boring*	*bored*
bueno/a	*good*	*tastes good*
cansado/a	*tiresome*	*tired*
joven	*young*	*looks young*
listo/a	*clever*	*ready*
malo/a	*bad*	*sick*
pálido/a	*pale*	*looks pale*
verde	*green*	*unripe, envious*
viejo/a	*old*	*looks old*

Cristina no **está** gorda.	*Cristina does not look fat.*
Octavio Paz **era** listo.	*Octavio Paz was clever.*
La leche **es** buena.	*Milk is good.*
La sopa **está** buena.	*The soup tastes good.*

The Present Tense

Regular Verbs

Infinitivos:	tomar	beber	abrir
yo	tom**o**	beb**o**	abr**o**
tú	tom**as**	beb**es**	abr**es**
usted, él/ella	tom**a**	beb**e**	abr**e**
nosotros/nosotras	tom**amos**	beb**emos**	abr**imos**
vosotros/vosotras	tom**áis**	beb**éis**	abr**ís**
ustedes, ellos/ellas	tom**an**	beb**en**	abr**en**

Stem-changing Verbs:

Certain verbs take a stem change in the syllable before the ending in the following forms: **yo, tú, él, ella, usted, ellas, ellos, ustedes**. The **nosotros** and **vosotros** forms keep their original vowel in the stem.

Infinitivos:	cerrar	contar	repetir
yo	cierro	cuento	repito
tú	cierras	cuentas	repites
usted, él/ella	cierra	cuenta	repite
nosotros/nosotras	cerramos	contamos	repetimos
vosotros/vosotras	cerráis	contáis	repetís
ustedes, ellos/ellas	cierran	cuentan	repiten

e > ie	o > ue	e > i
cerrar *to close*	**contar** *to tell; to count*	**reír*** *to laugh*
empezar *to start, begin*	**costar** *to cost*	**repetir** *to repeat*
entender *to understand*	**encontrar** *to meet; to find*	**sonreír*** *to smile*
perder *to lose*	**morir** *to die*	**sentir** *to regret*
	volver *to return*	

*The verb **reír** has the following forms in the present tense: río, ríes, ríe, reímos, reís, ríen.
The verb **sonreír** has similar forms: sonrío, sonríes, sonríe, sonreímos, sonreís, sonríen.

Remember that **jugar** is the only verb that changes from /-u/ to /-ue/:

juego	jugamos
juegas	jugáis
juega	juegan

Irregular Verbs

Certain verbs are irregular only in the first person singular form of the verb.

agradecer: **agradezco**	lucir: **luzco**
caber: **quepo**	merecer: **merezco**
caer: **caigo**	poner: **pongo**
coger: **cojo**	saber: **sé**
conocer: **conozco**	salir: **salgo**
dar: **doy**	traducir: **traduzco**
distinguir: **distingo**	valer: **valgo**
elegir: **elijo**	ver: **veo**
hacer: **hago**	

Other verbs have several irregularities in the present indicative.

conocer: conozco, conoces, conoce, conocemos, conocéis, conocen

construir: construyo, construyes, construye, construimos, construís, construyen

decir: digo, dices, dice, decimos, decís, dicen

estar: estoy, estás, está, estamos, estáis, están

haber: he, has, ha, hemos, habéis, han

ir: voy, vas, va, vamos, vais, van

oír: oigo, oyes, oye, oímos, oís, oyen

seguir: sigo, sigues, sigue, seguimos, seguís, siguen

ser: soy, eres, es, somos, sois, son

tener: tengo, tienes, tiene, tenemos, tenéis, tienen

venir: vengo, vienes, viene, venimos, venís, vienen

Verbs like **conocer**: agradecer, aparecer, crecer, desconocer, establecer, obedecer, permanecer, pertenecer, reconocer

Verbs like **construir**: concluir, contribuir, destruir, distribuir, incluir, obstruir

Verbs like **hacer**: deshacer, rehacer, satisfacer

Verbs like **poner**: componer, imponer, oponer, proponer, reponer, suponer

Verbs like **seguir**: conseguir, distinguir, extinguir, perseguir, proseguir

Verbs like **tener**: contener, detener, entretener, mantener, obtener, sostener

Verbs like **traducir**: conducir, deducir, introducir, lucir, producir, reducir

Verbs like **traer**: atraer, contraer, distraerse

Verbs like **venir**: convenir, intervenir, prevenir

Reflexive Verbs

Reflexive verbs usually describe daily routines and activities. Use a reflexive verb when the subject and the object are the same person. Most verbs can be either reflexive or not.

> Yo **lavo** a mi hijo.
> **Me lavo** la cara.

Levantarse: *to get up*		
yo	**me levanto**	*I get up*
tú	**te levantas**	*you get up*
usted, él/ella	**se levanta**	*you get up, he /she gets up*
nosotros/nosotras	**nos levantamos**	*we get up*
vosotros/vosotras	**os levantáis**	*you get up*
ustedes, ellos/ellas	**se levantan**	*you, they get up*

The reflexive pronoun is placed directly before the conjugated verb, attached to the end of an infinitive, or attached to the present participles -**ando** /-**iendo** (remember to add a written accent where the stress normally falls before adding the pronoun.)

> **Me** quiero quedar.
> Quiero quedar**me**.
> Estoy quedánd**ome**.

Some verbs change meaning when they are reflexive.

Dormir *to sleep*

> Siempre **duermo** ocho horas.

Dormirse *to fall asleep*

> Siempre **me duermo** a las ocho.

Ir *to go*

> **Voy** al centro a las tres.

Irse *to go away*

> **Me voy** para México mañana.

Probar *to try, to taste*

> **Pruebo** todas las comidas nuevas.

Probarse *to try on*

> **Me pruebo** la chaqueta nueva.

Reflexives also indicate reciprocal actions.

Llamo a mi hermana frecuentemente.
Mi hermana y yo **nos llamamos** frecuentemente.

---

acostarse (ue*) *to go to bed*	**maquillarse** *to put on makeup*
afeitarse *to shave*	**ponerse** *to put on*
atarse los cordones *to tie one's shoes*	**quemarse** *to burn*
cepillarse *to brush hair or teeth*	**reunirse** *to get together*
cortarse el pelo *to get a haircut*	**romperse** *to break*
darse prisa *to hurry up*	**vestirse (i*)** *to get dressed*
despertarse (ie*) *to wake up*	

(*) The vowel inside the parenthesis indicates the change in the root of the verb, in every person except the **nosotros** and **vosotros** forms.

Práctica de gramática y vocabulario

1-32 Escribe una conversación entre dos amigos que están haciendo planes para salir. Incluye detalles como adónde piensan ir y qué van a hacer, con quién, cuándo, etc. Recuerda que los sustantivos y adjetivos concuerdan en género y número.

1-33 Trae a la clase una foto de tu cantante favorito/a y descríbesela a tus compañeros. Usa una variedad de sustantivos y adjetivos y los verbos **ser** y **estar**. Incluye unas de las expresiones idiomáticas con **estar**.

1-34 Escribe oraciones utilizando adjetivos que cambian de significado con **ser** o **estar** y explica lo que quiere decir el adjetivo en ese contexto:

EJEMPLO: *No quiero comer pescado porque es malo para mi salud. Prefiero comer carne que hoy está buena.*

1-35 Compara a las personas que aparecen en algunas de las fotos de los artículos de este capítulo. Usa los comparativos y superlativos de igualdad y de desigualdad.

EJEMPLO: *Albita y Daisy son famosas. Daisy es más famosa que Albita. Ana Sokoloff es la menos famosa de todas. Mark Consuelos es famosísimo.*

1-36 Usa los sufijos aumentativos y diminutivos de las siguientes palabras para describir a los personajes mencionados en el ejercicio anterior.

flaco, muñeca, grande, linda, soltera

EJEMPLO: *Albita es grandota.*

1-37 En grupos de tres o cuatro estudiantes describan lo que lleva o tiene cada persona de la clase. Incluyan adjetivos demostrativos y adjetivos posesivos.

EJEMPLO: *Ese alumno alto tiene sus bolígrafos en el bolsillo. Los suyos son de diferentes colores. Los nuestros son negros.*

1-38 Escribe tu rutina diaria desde que te levantas hasta que te acuestas. Usa por lo menos 10 verbos reflexivos y con cambio de raíz.

1-39 Utiliza los siguientes verbos en un párrafo. Usa el presente, no olvides que algunos verbos tienen cambio de raíz.

1. volverse	4. verse	7. reírse
2. convertirse	5. preguntarse	8. tener
3. hacerse	6. sentirse	

1-40 Utiliza cada uno de los siguientes verbos en el presente de indicativo en tres oraciones: una afirmativa, una negativa y una interrogativa. Incluye algunos números ordinales.

cruzar, usar, firmar, comenzar, decir, surgir, mencionar, desvivir, tener, salir

1-41 Busca en revistas o en la Red fotografías de diferentes personas y crea una familia extraña. Luego describe tus fotografías usando la siguiente lista de adjetivos y de verbos, pero no te limites a estas listas. Utiliza una variedad de adjetivos, comparativos, superlativos, demostrativos, superlativos absolutos, etc. para describirlas de una manera interesante. Presenta tu extraña familia a la clase.

lenta	fructífera	primera
crítica	estudiantil	bueno
heredados	andaluza	estrecha
célebre	orgulloso	verdadero
mucha	pedante	prudente
fanfarrón	colérico	divertido
intransigente	español	últimas
siguiente	segunda	legal

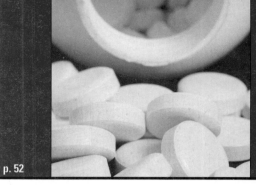

p. 36   p. 52   p. 55

Buena salud

CAPÍTULO 2

VOCABULARIO

El sistema de purificación
Los gérmenes
La depresión
El cuerpo humano
La donación de órganos
Los buenos y los malos hábitos alimenticios
La automedicación

GRAMÁTICA

El presente del subjuntivo con expresiones de voluntad, emoción, duda y necesidad
Usos del subjuntivo
Adverbios
Complementos directos e indirectos

DESTREZAS

Cómo expresar voluntad, emoción, duda y necesidad
Cómo usar los complementos directos e indirectos y los adverbios.

A comenzar

2-1 Ve a la Red al sitio de la revista *Buen Hogar* (*www.prenhall.com/quiosco*). Contesta las siguientes preguntas según lo que averigües y después compara tus respuestas con las de un/a compañero/a de clase.

1. ¿Qué tipo de información puedes encontrar en la revista que estás viendo?
2. ¿Son artículos que te interesan? Explica por qué.
3. Lee uno de los artículos y haz un pequeño resumen. Compártelo con la clase.

A mirar: Sparkling

*Notas culturales, página 35.

2-2   Contesta las preguntas con una palabra apropiada del aviso.

1. ¿Dónde se suelen encontrar objetos como tazas, vasos, platos y cubeteras?
2. ¿Cuáles son las ventajas de este sistema de purificación de agua?
3. ¿Este sistema es para uso comercial o para uso residencial?
4. ¿Cuál es el número de teléfono de esta compañía en la Capital Federal?
5. Crea tu propia propaganda para ofrecer un producto similar al del aviso. Incluye una descripción del producto; indica para qué sirve, el precio, y las ventajas y desventajas.

Notas culturales

El mate es una bebida típica de la Argentina, Uruguay y Brasil. Es un té verde. Este té se obtiene de una planta llamada yerba mate. El nombre mate proviene de la palabra quechua *matí*, que se refiere al objeto que se utiliza para beberlo. Para preparar el mate se ponen las hojas de yerba mate deshidratadas y bien trituradas dentro del mate (*gourd*) al que se le agrega agua caliente. El mate también puede ser hecho de metal, madera o losa. El té se toma succionando (*sipping*) el líquido a través de una bombilla (*straw*) de metal, que cumple la función de colador (*strainer*) pequeñito ya que previene que las hojas trituradas del té suban por la bombilla. ■

Una manera fácil de eliminar los gérmenes

 ## A pensar

2-3   Contesta las preguntas con un/a compañero/a de clase.

1. ¿Qué productos usas en casa para eliminar los gérmenes?
2. ¿Dónde se encuentran más gérmenes en una casa?
3. ¿Qué hacen ustedes en casa para evitar el contagio de gérmenes?

A aprender y aplicar el vocabulario

los gérmenes: microorganismos dañinos como, E.coli, Salmonela, Rinovirus, estafilococos

elaborar: preparar

fabricar: hacer, producir

resfriarse: contraer un resfrío

el resfrío: enfermedad que afecta las vías respiratorias y puede incluir fiebre, tos, dolor de cabeza o garganta, y secreción nasal.

el picaporte: objeto que sirve para abrir o cerrar una puerta

las llaves de grifería: objetos que se usan para abrir o cerrar el agua del grifo

la superficie: el área

contaminar: infectar

los alimentos: la comida

provenientes: que vienen de

crudo: no cocido

gatillo: dispositivo que se presiona para hacer salir el líquido de una botella

desechar: tirar a la basura

el mostrador de la cocina: la superficie donde se trabaja en la cocina

las tablas de cortar: los trozos de madera o plástico donde se cortan las legumbres, la fruta, la carne, etc.

descongelar: deshelar

la fecha de vencimiento: el ultimo día en que se puede consumir un producto

UNA MANERA FÁCIL DE ELIMINAR LOS GÉRMENES

Proteger a su familia de gérmenes peligrosos como E.coli, Salmonela y Estafilococos no es tan difícil como usted cree. Es por eso que los fabricantes de LYSOL®, expertos en desinfección por más de 100 años, han elaborado esta guía sencilla de consejos fáciles para la eliminación de gérmenes. Ahora más que nunca, los productos de LYSOL facilitan la eliminación de gérmenes desagradables antes de que se enferme su familia. Siga leyendo para enterarse de por qué LYSOL sigue siendo la marca más confiable para mantener la salud de su casa y su familia.

Los peligros pueden entrar a su casa directamente por la puerta. Los gérmenes como el Rinovirus, que causa el resfrío, pueden contagiarse de superficies tales como picaportes, llaves de grifería, teléfonos y hasta los juguetes de los niños. Afortunadamente, usted puede cuidar de la salud de su familia utilizando el *LYSOL Disinfectant Spray* (aerosol desinfectante LYSOL). Aplíquelo regularmente sobre las superficies de contacto frecuente y así se asegurará de haber utilizado el mejor producto para proteger a su familia. Ningún otro aerosol promete eliminar más gérmenes más rápidamente.

SUGERENCIA: LYSOL CRISP LINEN , No solamente tiene una fragancia agradable, sino que también puede ayudar a mantener la salud de su casa y su familia.

UNA LECCIÓN SENCILLA SOBRE LA CONTAMINACIÓN CRUZADA

Es elemental. Aún cuando su cocina parezca limpia, es posible que haya bacterias peligrosas que pueden contaminar los alimentos. Las bacterias E.coli y salmonela provenientes de carnes o pollo crudos pueden contaminar las frutas y verduras frescas con las que entran en contacto. A esto se le llama "la contaminación cruzada," y no hay nada mejor que el *LYSOL Antibacterial Kitchen Cleaner* (limpiador de cocina antibacteriano LYSOL), registrado en la Agencia de Protección Ambiental (EPA).

Mata los gérmenes que pueden contaminar los alimentos y ADEMÁS, su nueva fórmula es más efectiva contra la grasa acaramelada que cualquier otro producto de limpieza multiuso de gatillo.

HECHO COMPROBADO: las esponjas son el sitio ideal para que los gérmenes proliferen. Una opción más adecuada son las toallitas de papel porque se pueden desechar (junto con los gérmenes) después de usar.

SÍ	NO
Lávese las manos antes, mientras y después de preparar la comida.	Espere hasta terminar de cocinar para lavarse las manos.
Limpie y desinfecte el mostrador de la cocina con LYSOL Antibacterial Kitchen Cleaner antes de preparar cada comida.	No utilice solamente agua y jabón para limpiar el mostrador después de las comidas.
Cocine las carnes completamente.	No corte las verduras en la misma tabla que acaba de usar para preparar el pollo.
Lave las tablas de cortar y utensilios en el lavaplatos.	No descongele comida sobre el mostrador.
Utilice LYSOL Antibacterial Kitchen Cleaner para eliminar la grasa y los gérmenes después de cada comida.	No prepare comida después de la fecha de vencimiento del alimento.

HECHO COMPROBADO: cada año, 81 millones de personas se intoxican con comida contaminada y, en la mayoría de los casos, sucede en su propia cocina.

2-4   Da el sinónimo de las siguientes palabras y usa cada una en una frase con sentido.

infectar: _____

echar a la basura: _____

deshelar: _____

no cocido: _____

2-5   Empareja cada palabra de la primera columna con la definición adecuada en la segunda.

1. los gérmenes   a. la suciedad que se acumula en las superficies en la cocina
2. el picaporte   b. el lugar para trabajar en la cocina
3. crudo   c. las bacterias
4. la grasa   d. el objeto para abrir una puerta
5. el mostrador   e. no cocido

2-6   Utiliza las siguientes palabras para escribir un párrafo original que tenga sentido.

los alimentos

las tablas de cortar

la fecha de vencimiento

provenientes

resfriarse

elaborar

2-7   Familia de palabras: usa un diccionario para averiguar qué significa cada palabra. Luego, escribe una frase original empleando cada una de estas palabras en la forma correcta.

EJEMPLO: *Juan **fabricó** un avión.*
         *Al **fabricante** le interesa vender sus productos.*

1. fabricar
   la fábrica
   fabricado
2. resfriar
   el resfrío
   resfriado
3. enfermarse
   la enfermedad
   el/la enfermo/a
4. congelar
   congelado
   el congelador
   la congelación

A comprender

2-8 En parejas contesten las siguientes preguntas de acuerdo con el artículo.

1. ¿Cuáles son los nombres de algunos gérmenes que comúnmente se encuentran en casa?
2. ¿Qué enfermedad causan estos gérmenes en los seres humanos?
3. ¿En qué sitios específicos de la cocina se multiplican con más facilidad estos gérmenes?
4. Explica qué es "la grasa acaramelada". ¿Dónde la encuentras?
5. ¿Qué recomiendan los fabricantes de este producto para limpiar en vez de las esponjas? ¿Por qué?
6. ¿Qué hace este producto que otros productos no hacen?
7. ¿Qué sugerencias presentan los fabricantes para no contaminar las superficies de la cocina?

 ## A hablar

2-9 En parejas, una persona hace el papel de vendedor de un producto de limpieza en el supermercado y otra hace el papel de cliente. El vendedor debe explicar cómo su producto ayuda a evitar el contagio de los gérmenes del resfrío común y tratar de convencer al cliente. Usen expresiones como **es necesario que. . .** , **sugiero que. . .** , **recomiendo que. . .** , etc, siempre que sea posible.

EJEMPLO: E1: *¿Quiere probar un producto nuevo?*
E2: *¿Para qué sirve?*
E1: *Sirve para desinfectar su casa. Le sugiero que lo compre porque es muy bueno.*

2-10 En grupos pequeños, creen un aviso de televisión para un producto similar al del anuncio. Incluyan recomendaciones para los diferentes usos de su producto. Pueden consultar al final de la revista si necesitan ayuda con este punto gramatical.

 ## A escribir

2-11 Haz un cartel para los empleados de un restaurante con recomendaciones para evitar la contaminación de gérmenes.

EJEMPLO: *Es importante que se **laven** las manos antes de volver a trabajar.*

¿Qué es la depresión?

 A pensar

2–12 Contesta las siguientes preguntas con un/a compañero/a de clase.

1. ¿Qué es la depresión?
2. ¿Has conocido o conoces a alguien que sufra esta enfermedad?
3. ¿Cuáles son las actitudes que mucha gente tiene hacia las personas que están tristes todo el tiempo?

 A aprender y aplicar el vocabulario

los síntomas: manifestaciones, señales de una enfermedad

costar trabajo: ser difícil

la culpa: el sentimiento que uno siente cuando hace algo que no debe

la disminución: la reducción

el desequilibrio: la falta de balance

los medicamentos: los remedios, las pastillas

el tratamiento: el proceso para curar a una persona

perdurar: durar

inducir: incitar, persuadir

inusitados: desusados, raros, fuera de lo común

heredar: recibir genéticamente una enfermedad o características

es factible: es posible

¿Qué es la depresión?

La depresión es una enfermedad real, con causas y síntomas verdaderos que ayudan a reconocerla. Los síntomas pueden variar mucho de una persona a otra. No todas las personas mostrarán todos, ni los mismos síntomas. Si alguno de estos síntomas está afectando su vida diaria es necesario que consulte a su médico. La depresión tiene solución.

Es importante que Ud. recuerde que:

- La depresión no es algo que usted mismo/a se indujo.
- No es reflejo de debilidad o incapacidad personal.
- No es algo que usted puede controlar solo/a.
- Su médico puede ayudar.
- Existen medicamentos seguros y efectivos.

Es posible que Ud. o alguien que Ud. conozca tenga algunos de estos síntomas:

- Dejó de disfrutar de actividades que antes hacía con placer.
- Le cuesta trabajo concentrarse.
- Se siente cansado/a todo el tiempo.
- No puede dormir bien.
- Hay cambios en su apetito.
- Tiene sentimientos de tristeza o irritación inusitados.
- Pensamientos de suicidio o muerte.

Si tiene algunos de estos síntomas o la mayoría de ellos, CONSULTE a su médico.

Causas:

Muchos médicos creen que una de las causas es el desequilibrio de una sustancia química llamada serotonina. Los investigadores descubrieron que la tendencia a la depresión se hereda. Es factible que otras causas sean la muerte de un pariente o amigo, un divorcio o un período de mucha tensión. No importa la causa, lo importante es saber que hoy existen tratamientos seguros y efectivos.

2–13 Familia de palabras. Escribe una oración que tenga sentido usando cada una de las palabras de la siguiente lista.

1. deprimirse
2. la depresión
3. depresivo/a
4. deprimido/a
5. deprimente

2–14 Llena el espacio en blanco con la definición, el sinónimo o la descripción que mejor corresponda a una palabra de la sección **A aprender y aplicar el vocabulario.**

1. Cuando alguien comete un error se dice que tiene la _____.
2. La enfermedad se manifiesta a través de los _____.
3. La falta de serotonina es causada por un _____ químico.
4. La enfermedad puede _____ desde semanas hasta meses.
5. Al enfermo le _____ _____ realizar sus tareas habituales.
6. Hay varios _____ aprobados por la FDA que ayudan con el _____ de la depresión.
7. Los síntomas muchas veces aparecen de forma _____.
8. Las causas de la depresión pueden ser externas, como el estrés, el divorcio o la muerte. En otros casos se _____.

A comprender

2–15 Contesta las siguientes preguntas según la lectura.

1. Explica qué es la depresión. Menciona tres síntomas.
2. ¿Se puede controlar la depresión?
3. ¿Es posible que haya medicamentos que combatan esta enfermedad?
4. ¿Qué papel juega la serotonina en la depresión?
5. Explica otras posibles causas de la depresión.

A hablar

2–16 En parejas representen el papel de doctor y paciente deprimido/a. La persona que hace de doctor le hace preguntas a la que hace de paciente y ésta le responde detalladamente, explicándole los síntomas que está experimentando. El/la médico/a ofrece sugerencias. Usen el subjuntivo y consulten la sección al final del capítulo si necesitan ayuda con este punto gramatical.

EJEMPLO: E1: *Buenas tardes. ¿Qué le ocurre?*
E2: *Estoy cansado/a todo el tiempo. Lloro sin razón y…*

A escribir

2–17 Imagina que tú eres Dolores, una consejera sentimental. Lee las siguientes cartas y ofrece soluciones realistas. Responde las cartas expresando emoción, e incluyendo sugerencias y recomendaciones para resolver los problemas que se presentan. Usa el subjuntivo en tus respuestas cuando sea posible.

Querida Dolores: Mi mejor amigo, Paco, y yo nos conocemos desde hace 20 años. Él se va a casar pronto, pero por alguna extraña razón su novia me odia y ha prohibido que yo asista a la ceremonia. Últimamente ni siquiera le permite que me hable, pero aún así nos comunicamos. Estoy muy triste porque él es como un hermano para mí. Yo vivo sola en este país y Paco es la única persona a quien conozco. ¿Qué hago?

—Amiga de un cobarde en San Antonio, TX.

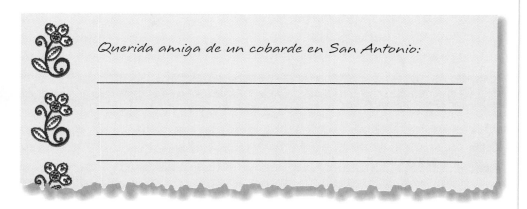

Querida amiga de un cobarde en San Antonio:

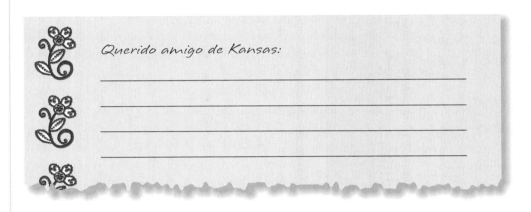

Querida Dolores: Acabo de casarme con una mujer que ha sido mi novia durante 12 años. Ahora, después de cinco meses de casados, ella quiere el divorcio. Dice que no me quiere, que soy un mal esposo y que quiere recobrar su libertad. ¿Debería dejarla libre o luchar por lo que quiero? Ayúdame porque no puedo dormir, ni comer ni trabajar. Estoy desesperado.

—Perdido en Kansas

Querido amigo de Kansas:

_____

_____

_____

_____

¿Qué es la donación de órganos?

 **A pensar**

2-18 Contesta las siguientes preguntas con un/a compañero/a de clase.

1. Cuando renovaste tu licencia de conducir, ¿te inscribiste como donante de órganos? ¿Por qué?

2. ¿Por qué es importante donar órganos y tejidos?

3. ¿Alguien de tu familia o alguien que conoces ha tenido un transplante? Explica cuándo, cómo y por qué.

A aprender y aplicar el vocabulario

los tejidos: combinaciones de elementos anatómicos; por ejemplo la piel

cuanto más: cantidad (*the more*)

salvarse: rescatar

decenas de miles: *tens of thousands*

fármacos: medicamentos, remedios

quirúrgicas: de cirugía

enterarse de: informarse de

la red: la organización

las reglas: las regulaciones

equipar: abastecerse, suministrar

la odontología: la ciencia que practica el dentista

el testigo: la persona que ve un suceso

llega a ser: se convierte en

el sano juicio: el goce de las facultades mentales, la cordura

las córneas: membrana dura y transparente en la parte anterior de los ojos

el corazón: el órgano que bombea la sangre

el hígado: la glándula grande del aparato digestivo que produce bilis (*bile*)

los riñones: los órganos que sirven como excretores de la orina

los huesos: el esqueleto del cuerpo

los cartílagos: las membranas que están entre los huesos

la médula ósea: la sustancia que se encuentra dentro de los huesos

la piel: el tejido que cubre todo el cuerpo

el páncreas: la glándula que elabora jugos digestivos que ayudan a hacer la digestión

los pulmones: los órganos que sirven para la respiración

2-19 Contesta las siguientes preguntas.

1. ¿Qué necesitas para convertirte en un donante de órganos?

2. Haz una frase original que muestre que has entendido lo que quieren decir las siguientes palabras:

   los tejidos

   cuanto más

   la red

   el testigo

   el donante

3. Explica qué son los fármacos.

4. ¿Cómo se llama la ciencia relacionada con los dientes?

¿Qué es la donación de órganos?

Si tú donas tus órganos o tejidos, éstos se pueden utilizar para transplantes o para hacer investigación. En la actualidad es posible transplantar unos veinticinco órganos y tejidos como por ejemplo: médula ósea, córneas, pulmones, riñones, corazón, páncreas, huesos, cartílagos y piel. Es importante que las personas donen sus órganos y tejidos para la investigación porque esto hace posible que se encuentren posibles curas para diversas enfermedades. Cada año decenas de miles de personas reciben con éxito transplantes y esto se debe en gran parte a la existencia de nuevos fármacos y mejores técnicas quirúrgicas.

¿Cómo se distribuyen los órganos?

Existen bancos de órganos que están unidos a una red de computadoras, este proceso acelera la distribución de los órganos para quienes más los necesitan. Hay ciertas reglas que aseguran que la elección sea la correcta; se elige al paciente con más riesgo de perder la vida, y se trata de que el donante y el paciente tengan ciertas características en común.

¿Cómo convertirse en donante?

Primero, habla con tu familia y expresa tus deseos; luego, solicita información médica a tu médico/a. Si tienes dudas sobre si tu religión lo permite, habla con un representante de tu iglesia. Las religiones principales apoyan la donación. Una vez que hayas tomado la decisión, informa a tu médico/a para que él/ella agregue esos datos a tu historia clínica.

Cualquier persona mayor de 18 años y en su sano juicio puede ser donante. Los menores necesitan el consentimiento de sus padres o guardianes.

Si deseas convertirte en donante debes:

- llenar una tarjeta de donante
- escribir tu nombre
- indicar los órganos o tejidos que quieres donar

- donar todo tu cuerpo a la facultad de medicina o de odontología
- firmar la tarjeta frente a dos testigos y hacerles firmar a ellos
- poner la fecha, lugar de nacimiento, la ciudad y el estado en que se llena

Tienes que llevar la tarjeta en todo momento porque es importante que no se pierda tiempo, ya que el corazón, el hígado y los riñones deben extraerse inmediatamente después de la muerte cerebral (ausencia de toda actividad cerebral) aunque otros tejidos pueden extraerse en un lapso de 24 horas.

Los órganos se extraen a través de un procedimiento quirúrgico, y son preparados para ser transportados a su destino final. Mientras esto ocurre se seleccionan los destinatarios cuyo tejido y tipo sanguíneo sean más semejantes al donante. Se busca en la computadora de "UNOS" (red unida de distribución de órganos) quién está en lista de espera. Se preparan los destinatarios para cirugía, se extrae el órgano que funciona mal y se reemplaza con el nuevo.

Recuerda que:

- la familia del donante no paga ninguna parte del costo del transplante.
- la decisión de convertirte en donante no afecta la calidad de tu propia asistencia médica.
- no importa la edad del donante.

- no interfiere con los arreglos funerarios.
- nadie puede vender tus órganos o tu cuerpo.

Piensa que sería importante poder salvar otra vida y en cierta medida seguir viviendo a través de otra persona. Piensa, infórmate y actúa.

¿Cómo saber más?

- comunícate con "UNOS" y llama al 1-800-24-DONOR
- llama a "Tissue Banks International" al 1-800-227-7704
- ve a tu biblioteca local

 A comprender

2-20 Contesta las siguientes preguntas según la lectura.

1. ¿Qué órganos y tejidos se pueden donar?
2. ¿A qué edad se puede ser donante?
3. ¿Por qué es importante donar órganos y tejidos?
4. ¿Qué significa "UNOS"?
5. Explica en qué consiste el proceso de donación.

RECUERDA

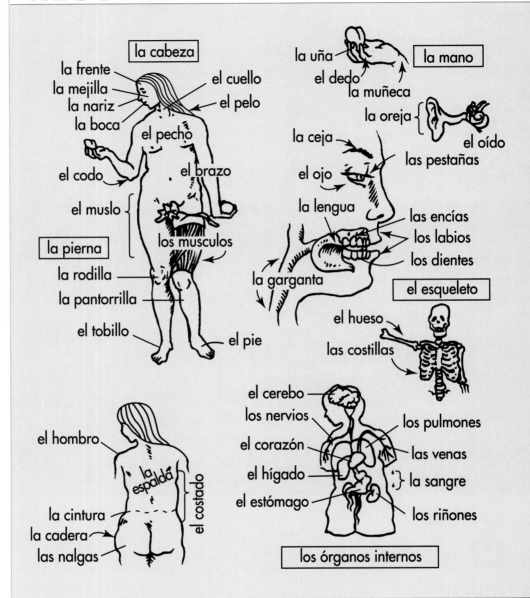

la cabeza

la frente
la mejilla
la nariz
la boca

el cuello
el pelo

el pecho

el codo
el brazo

el muslo
los musculos

la pierna

la rodilla
la pantorrilla

el tobillo
el pie

la uña
el dedo
la muñeca

la mano

la oreja
el oído

la ceja
las pestañas

el ojo

la lengua

las encías
los labios
los dientes

la garganta

el esqueleto

el hueso
las costillas

el hombro

la espalda
el costado

la cintura
la cadera
las nalgas

el cerebo
los nervios
el corazón
el hígado
el estómago

los pulmones
las venas
la sangre
los riñones

los órganos internos

A hablar

2-21 Eres hipocondríaco/a. Cada día de la semana tienes un dolor nuevo y te duele algo diferente por la mañana y por la noche. Explícale a tu novio/a qué te duele y cómo es el dolor. Menciona las palabras poco comunes de la sección *A aprender y aplicar el vocabulario*. Tu pareja debe responder con sugerencias y recomendaciones usando expresiones con el subjuntivo. Al principio de la semana tu pareja te va a responder con mucha paciencia, pero hacia el final de la semana, él/ella te responderá bruscamente.

EJEMPLO: E1: *Querida, me estoy muriendo. Hoy es lunes, acabo de levantarme y me duele mucho la espalda.*

E2: *Mi amor, es una lástima que te duela tanto. Ve a tomar una aspirina y acuéstate por un ratito.*

A escribir

2-22 Eres médico/a. Le escribes una carta a otro médico/a que te envió un paciente que quería una segunda opinión. Describe en tu carta los síntomas que el paciente tiene y los órganos involucrados en su enfermedad. Sugiere posibles tratamientos que el paciente debe seguir según tu experiencia e incluye detalles. Usa expresiones con el subjuntivo. Tu carta debe tener una introducción, una explicación de la información y una conclusión clara. Encabeza la carta con **"Estimado doctor/a:"** incluye tu opinión profesional y termina con **"Lo/a saluda atentamente, su colega, Dr./a…"**

Cambia esos malos hábitos

A pensar

2-23 En parejas contesten las siguientes preguntas.

1. ¿Cuándo suelen comer y por qué?
2. ¿Cuál es su horario de comidas?
3. ¿Qué pueden hacer para mejorar sus hábitos en cuanto a las comidas? Incluyan tres sugerencias.

A aprender y aplicar el vocabulario

el sobrepeso: pesar más de lo que se debe

masticar: la acción que se hace con los dientes para empezar el proceso de la digestión

suprimir: omitir

digerir: el proceso de la digestión

el embotamiento: malestar que se siente al tener el estómago muy lleno

Cambia esos **malos hábitos**

Una de las mejores soluciones para los problemas de sobrepeso es dejar atrás las malas costumbres que tenemos a la hora de alimentarnos. Te sugerimos que:

◆ mantengas un horario regular de comidas;

◆ mastiques muy bien todos los alimentos;

◆ comas despacio, sin tensiones físicas o emocionales; y

◆ nunca vayas de compras con el estómago vacío.

Además te recomendamos que:

◆ selecciones alimentos frescos en vez de los congelados o las comidas preparadas;

◆ elimines un alimento a la vez y no muchos al mismo tiempo;

◆ siempre incluyas en tu dieta alimentos con bajo nivel de grasa;

◆ evites asistir a una cita o entrenamiento con el estómago lleno, pues la energía que necesitas para la digestión dejará vacíos tu cuerpo y cerebro, provocándote una sensación de embotamiento; y

◆ bebas ocho vasos de agua diariamente.

Mujer Nueva, abril 2000

2-24 Llena el espacio en blanco con la palabra correcta de la sección **A aprender y aplicar el vocabulario.**

Se dice que si uno omite la grasa de la dieta puede (1)_____ los problemas del (2)_____.

Es mejor (3)_____ con la boca cerrada y tomar bocados pequeños de comida. Esto le ayuda a uno (4) a _____ mejor la comida.

A comprender

2-25 Contesta las siguientes preguntas según la lectura.

1. ¿Cuáles son tres pasos que se pueden seguir para impedir el aumento de peso?
2. ¿Por qué es mejor que no hagas ejercicios con el estómago lleno?
3. ¿Cuáles de las sugerencias que ofrece el artículo te parecen más factibles?

A hablar

2-26 En parejas discutan y comparen sus hábitos alimenticios. ¿Son saludables sus alimentos favoritos? ¿Por qué? Analícenlos y háganse sugerencias y recomendaciones entre sí para seguir comiendo de forma saludable.

A escribir

2-27 Sigue las instrucciones a continuación para completar la actividad.

1. Escribe una dieta para una persona obesa. Incluye los alimentos buenos y malos, con sugerencias de lo que debe o no debe comer con frecuencia.
2. Haz una lista de lo que has comido durante los últimos tres días. Analiza lo que has comido. ¿Hay mucha carne o grasa en tu lista? ¿Hay mucho colesterol? ¿Qué debes cambiar en tu régimen de comidas?

Los peligros de la automedicación

 ## A pensar

2-28 Contesta las siguientes preguntas y después comenta tus respuestas con un/a compañero/a de clase.

1. ¿Cómo te pueden afectar ciertos fármacos?
2. ¿Cómo y cuándo te automedicas?
3. ¿Cuáles son los fármacos de venta libre que usas con más frecuencia?

 ## A aprender y aplicar el vocabulario

reponer la salud: curar

perjudicial: dañino

nocivo: dañino, malo

el organismo: el cuerpo

distar: alejar, estar alejado, separado

las pautas: las reglas

la nariz tapada: congestión nasal, dificultad para respirar

el lagrimeo: lágrimas involuntarias, lo que pasa al llorar

estornudar: *to sneeze*

la visión borrosa: dificultad en ver con claridad

la sequedad de boca: falta de saliva en la boca

el estreñimiento: dificultad para expulsar las heces

la receta: la nota del médico que permite a la farmacia vender una medicina restringida

estar embarazada: estar esperando un bebé

el galeno: el médico, el doctor, el facultativo

será imprescindible: va a ser muy importante

de venta libre: el fármaco que se puede comprar sin receta del médico

engrosar: aumentar

el infarto cardíaco: un ataque al corazón

leve: no importante

ocasionados por: causados por

la anafilaxia: dificultad en respirar a causa de una reacción alérgica que hace que la garganta se hinche

la urticaria: reacción alérgica de la piel que se vuelve roja y pica *(hives, nettlerash)*

los picores: picazones, inflamación de la piel que se vuelve roja y pica

la cautela: el cuidado

empeorar: poner peor

mejorar: sentir mejor

Los peligros de la automedicación

EL MISMO MEDICAMENTO PUEDE CAUSAR PROBLEMAS

A veces, sin proponérselo, la mayoría de la gente piensa que si un medicamento ayuda a recuperar la salud, entonces no es un producto que pueda hacer daño. Pero en la práctica, esto dista mucho de ser cierto. A pesar de que un fármaco esté destinado a una sola función, puede afectar varias, como es el caso de los antihistamínicos que ayudan a aliviar los síntomas de alergia, como la nariz tapada, el lagrimeo y los estornudos, pero que, como la mayoría de los antihistamínicos, afectan el sistema nervioso y pueden también producir sueño, confusión, visión borrosa, sequedad de boca, estreñimiento y problemas urinarios. Así, la mayoría de los fármacos no logra mantener un nivel único de acción y puede tener efectos demasiado fuertes, causando una disminución exagerada de la presión arterial en la persona hipertensa o una reducción excesiva de los valores de glucosa en la sangre del diabético, por ejemplo. De todos modos, los efectos secundarios se pueden a menudo reducir o evitar mediante una buena comunicación entre el médico y el paciente. Si nos sentimos enfermos y tomamos por iniciativa propia algún medicamento, pero éste causa

una reacción en nuestro cuerpo, será imprescindible informar sobre el hecho al facultativo; no debemos ocultar la automedicación, ya que a la larga dañaremos mucho más nuestro organismo.

LOS FÁRMACOS DE VENTA LIBRE

Si bien es cierto que la automedicación remite a la utilización de medicamentos que han sido recomendados por amigos, compañeros de trabajo y familiares, muchos de estos productos (que originalmente fueron indicados por un médico solamente para una dolencia en especial) pueden ser expedidos sin el requerimiento de una receta

médica, situación que perjudica la salud, pues ningún medicamento sirve igual para dos personas; lo que a una le ha funcionado, puede que a otra llegue a dañarle.

Los medicamentos de venta libre permiten aliviar muchos síntomas molestos y curar ciertas enfermedades de manera simple y sin gastos de una consulta médica, pero a pesar de ello, esta práctica requiere actuar con sentido común y mucha responsabilidad. Además, como ya indicamos, cualquier fármaco puede causar efectos adversos o secundarios.

CONSEJOS SOBRE SEGURIDAD

Ya que la enorme proliferación de medicamentos de venta sin prescripción médica ha ido en aumento (incluso algunos productos que la requerían, ahora han pasado a engrosar esta categoría), lo que nos queda es actuar con sumo cuidado, responsabilidad y precaución en el momento de adquirirlos y tomarlos.

El no requerir receta médica no significa que no ocasionen alguna reacción; como no somos especialistas en medicina, siempre existe un margen de error. Por ejemplo, la mayoría de los dolores de cabeza no son peligrosos, pero en casos excepcionales pueden ser una señal de alarma que indique la presencia de un tumor o hemorragia cerebral. De la misma manera, lo que parece ser acidez de estómago podría ser la alarma de un inminente infarto cardíaco. Por último, debe emplearse el sentido común para determinar si un síntoma o dolencia es leve o requiere atención médica.

Por otro lado, existen muchas marcas en el mercado que curan la misma dolencia. Esto obliga a revisar los componentes de cada producto al momento de comprarlo. Por ejemplo, se dispone de más de una docena de formulaciones diferentes de un mismo nombre comercial con una gran variedad de componentes. No todos los productos de un cierto antiácido contienen los mismos ingredientes (algunos tienen óxidos de aluminio y magnesio, otros carbonato de calcio). Al seleccionar un producto, se debe saber qué ingrediente es el más apropiado para un problema específico.

No todos reaccionamos igual a los medicamentos. Algunas personas experimentan efectos adversos ocasionados por fármacos, aunque los utilicen de forma correcta. Por ejemplo, la anafilaxia, una reacción alérgica grave y rara ocasionada por analgésicos como la aspirina, el ketoprofeno, el naproxeno o el ibuprofeno, puede producir urticaria, picores, problemas

respiratorios y colapso cardio-vascular. Estos fármacos también pueden irritar el aparato digestivo y causar úlceras.

Asimismo, cabe señalar el asunto de la generación de resistencia ante los medicamentos por parte de las bacterias y virus causantes de enfermedades en el organismo. Muchas veces, por ejemplo, para curar una amibiasis o aliviar una simple infección de garganta, utilizamos fármacos recomendados por "profanos" de la ciencia médica, sin pensar siquiera que la utilización recurrente de los mismos harán más fuertes y resistentes a los agentes patógenos que actúan sobre nosotros en la mayoría de las ocasiones; el remedio recomendado sólo atenúa los síntomas pero no acaba con los microbios.

Como se aprecia, la automedicación, práctica común en muchas personas, no es sólo cuestión de recomendar a un amigo algún medicamento para aliviar su dolencia. En la mayoría de las ocasiones resulta perjudicial, pues sólo alcanzamos a curar parcialmente los síntomas, con el riesgo de generar mayores problemas. Gracias a los avances en farmacología, los medicamentos de venta libre son sumamente utilizados por su comodidad y eficacia, sin embargo, su empleo requiere actuar con cautela. Recordemos que el especialista es la única persona que conoce

con certeza los efectos que estos medicamentos pueden causar en el momento de ingerirlos; es por ello que nunca estará de más el recordar ese conocido consejo en el momento de tomar un medicamento: "Si persisten las molestias, consulte a su médico."

CONSEJOS PRÁCTICOS

— Nunca tomes medicamentos recetados a otras personas aunque sus síntomas sean los mismos que los tuyos.

— No ofrezcas ni recomiendes a otros, fármacos que el médico recetó para ti.

— Sigue estrictamente las instrucciones dadas por el doctor referentes a las dosis del medicamento y a los intervalos de tiempo con que deben ser tomados.

— Si estás embarazada, no tomes ningún medicamento, ni los que parezcan más inocuos, sin haber consultado con el médico. Informa siempre de tu estado al galeno antes de que éste te prescriba cualquier fármaco.

Ten en cuenta que algunos medicamentos son incompatibles con otros tratamientos, con algunas bebidas o alimentos, o con determinadas tareas como conducir o manejar maquinaria. Consulta siempre con tu médico ante cualquier duda que te surja.

(Tomado de Guía médica Salvat.)

2-29 Familia de palabras: Crea una frase empleando cada una de las siguientes palabras en la forma correcta.

farmacia

fármaco

farmacéutico

2-30 Contesta las preguntas con una frase completa usando por lo menos una palabra del vocabulario en tus respuestas.

1. Haz una lista de cognados de síntomas o enfermedades que aparecen en el artículo.
2. Menciona las tres enfermedades que aparecen en el artículo.
3. ¿A qué se atribuye un dolor de cabeza en algunos casos?
4. Menciona algunos de los síntomas ocasionados por un resfriado.
5. ¿Qué síntomas de una enfermedad se manifiestan en el área de la cabeza? ¿Y en la piel?

 ## A comprender

2-31 Contesta las siguientes preguntas según la lectura.

1. ¿Cuáles son algunos síntomas de las alergias?
2. ¿Cuáles son cuatro recomendaciones que uno debe seguir en cuanto a la automedicación?
3. ¿Qué efectos nocivos puede experimentar una persona que está tomando medicamentos? Da ejemplos concretos.
4. Explica qué es la anafilaxia y qué puede producir esta reacción.
5. Nombra seis pautas para la selección y el uso de los fármacos de venta libre.
6. Da por lo menos 3 consejos prácticos para evitar los problemas de la automedicación.
7. ¿Qué debes hacer ante cualquier duda?
8. ¿Cuál es el título de un libro de fármacos que se puede comprar para uso en el hogar?

 ## A hablar

2-32 En parejas, realicen la siguiente actividad. Uno/a de ustedes no se siente bien y le dice a su compañero/a que está experimentando náuseas y dolor de cabeza. El/la compañero/a le explica qué debe hacer según las recomendaciones del artículo y le advierte por qué debe tener cuidado con la automedicación.

A escribir

2–33 Tu hijo/a adolescente va a estar en casa solo/a hoy porque no se siente bien. Déjale instrucciones para que tome ibuprofen cada 4 horas y para que te llame a la oficina antes de tomar el medicamento. Las instrucciones deben incluir sugerencias sobre el uso de los medicamentos.

EJEMPLO: *Te recomiendo que no **abuses** del medicamento.*

 # A divertirnos: *Díganlo con mímica*

2–34 Antes de jugar, repasen el vocabulario del cuerpo humano. La clase se divide en grupos de cuatro estudiantes. Un/a estudiante de uno de los grupos pasa al frente de la clase y sólo a través de mímica informa a la clase sobre la parte del cuerpo que le duele. Los otros grupos tienen que adivinar correctamente qué le ocurre. Deben referirse a órganos internos, partes externas, tejidos, etc. A la misma vez usen la estructura: **complemento indirecto + duele(n) + sujeto**.

EJEMPLO: E1: *Hace un gesto de dolor del estómago.*
         Grupo: *A él/ella le duele el estómago.*

 # A escuchar

2–35 Tu profesor/a va a leer 5 preguntas dos veces cada una. La primera vez escucha atentamente, la segunda vez escribe en tu cuaderno la pregunta que él/ella dictó. Luego, responde las preguntas en oraciones completas. Recuerda que tienes que poner los signos de interrogación (¿?) al comienzo y al final de cada oración.

     1. Pregunta: _____

         Respuesta: _____

     2. Pregunta: _____

         Respuesta: _____

     3. Pregunta: _____

         Respuesta: _____

     4. Pregunta: _____

         Respuesta: _____

     5. Pregunta: _____

         Respuesta: _____

Explicación gramatical

The Present Indicative and the Subjunctive Mode

This section should be used to reinforce the grammar that appears in the articles which you have just read. You may use it to clarify points that are not clear, to review the grammar, or simply for more practice.

The present indicative is used to refer to an action that occurs at a given moment and is a real occurrence. The present subjunctive mode does not refer to a real action, but rather depends on a subjective element stated by the person speaking. For example, if we say:

>Mi hermano **toma** un remedio para el dolor de cabeza.

we are talking about something that is really occurring.

If we say:

>Espero que mi hermano **tome** el remedio para el dolor de cabeza.

we are referring to an action that has not yet happened.

The Present Subjunctive Forms

In order to form the present subjunctive, conjugate the verb in the first person singular of the present indicative. Remove the **o** ending and add the following endings:

	-ar	-er/-ir
yo	-e	-a
tú	-es	-as
él/ella/usted	-e	-a
nosotros/as	-emos	-amos
vosotros/as	-éis	-áis
ellos/ellas/ustedes	-en	-an

There are several irregular verbs in the present subjunctive.

>dar: dé, des, dé, demos, deis, den
>
>estar: esté, estés, esté, estemos, estéis, estén
>
>ir: vaya, vayas, vaya, vayamos, vayáis, vayan
>
>ser: sea, seas, sea, seamos, seáis, sean
>
>saber: sepa, sepas, sepa, sepamos, sepáis, sepan
>
>haber: haya, hayas, haya, hayamos, hayáis, hayan

Stem-changing Verbs:

Verbs ending in **–ar** and **–er** that have a stem-change in the present indicative (**e → ie,
o → ue, u → ue**) also have a stem-change in the present subjunctive, except for the first
and second persons plural (**nosotros/vosotros**).

> **pensar:** piense, pienses, piense, **pensemos, penséis,** piensen
> **volver:** vuelva, vuelvas, vuelva, **volvamos, volváis,** vuelvan

Verbs that end in **–ir** and have a stem-change (**e → i**) in the present indicative also keep
their stem-changes in every person.

> **pedir: pida, pidas, pida, pidamos, pidáis, pidan**

Verbs that end in **–ir** and have the stem-changes **e → ie** and **o → ue** keep their stem-changes,
but take an additional change in the first and second person plural of **e → i** and **o → u:**

> **divertirse:** me divierta, te diviertas, se divierta, nos **divirtamos,** os **divirtáis,**
>   se diviertan
> **dormir:** duerma, duermas, duerma, **durmamos, durmáis,** duerman

Uses of the Subjunctive

The subjunctive is used in subordinate clauses when all of the following conditions
are present:

1. there are two clauses connected by the relative pronoun **que;**
2. there are two different subjects; and
3. the verb in the main clause (indicative) requires the use of the subjunctive.

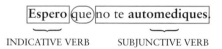

INDICATIVE VERB   SUBJUNCTIVE VERB

Certain verb categories require the subjunctive. They are verbs that express:

1. Volition: **decir, desear, insistir en, mandar, pedir, preferir, querer, rogar,
   aconsejar, gustar, permitir, prohibir, recomendar, suplicar, exigir.** Ojalá, an
   impersonal expression that is not conjugated, can be included in this category.
   It means "God willing."

   > **Insisto en** que mantengas tu dieta.
   > **Nos aconsejan que** hagamos ejercicios.
   > **Ojalá** pierdas peso.

2. Emotion or hope: **alegrarse de, esperar, sentir, sorprender, temer, tener miedo de.**

   > **Nos sorprende que** hayan donado su corazón.
   > **Temo que** te automediques.

3. Doubt or negation: **dudar, no estar seguro/a, no creer, negar.**

> **Duda** que el hombre **reciba** un corazón a tiempo.

Remember that **no dudar, estar seguro/a, creer** y **no negar,** imply certainty and therefore do not require the subjunctive.

> **No dudo** que **es** importante donar los órganos.

4. Necessity: verbs such as **necesitar** and **buscar** require the subjunctive if the subject is indeterminate. However, if it is determinate the present indicative is used.

> Necesitamos un médico que **esté** disponible las 24 horas.
> Busco un gimnasio que **esté** cerca de mi casa.
> Busco el gimnasio que **está** cerca de mi casa.

5. Impersonal expressions that express a judgement: **es importante que, es posible que, es probable que, es imposible que, es necesario que, es dudoso que, es una lástima que, es mejor que, no es cierto que, no es obvio que, no es seguro que, no es evidente que.**

> Es necesario que **uses** un sistema de purificación de agua.
> Es importante que **camines** tres veces por semana.

Adverbs

Adverbs are formed by adding **–mente** to the feminine singular form of an adjective.

> Las donaciones de órganos tienen lugar **rápidamente.**

With two or more adverbs in a sentence, -**mente** is added only to the last one.

> El psicólogo habló con el paciente clara, tranquila y **cortésmente.**

Adverbial phrases may be formed by using **con** + noun.

> El estudiante tomó la medicina **con cuidado.**

Several words may be used as either adjectives or adverbs. These words are: **demasiado, más, menos, poco, mucho, mejor** and **peor.** When used as adjectives **demasiado, poco,** and **mucho** will modify the noun in number and gender, however, as adverbs they remain invariable and are used only in the masculine singular form.

> Esos hombres hablan **demasiado.**
> Esas mujeres tienen **demasiados** problemas.

Remember that **bueno** becomes **bien** as an adverb and **malo** becomes **mal.**

> La comida me sentó **bien.**
> Ese muchacho es un **gran** atleta aunque juega **mal** ahora.

Direct and Indirect Object Pronouns

Direct object nouns receive the action of the verb and agree in number and gender with the noun to which they refer. Indirect object nouns tell to whom or for whom the action of the verb is performed. They agree in number with the noun to which they refer. Object nouns may be replaced by object pronouns.

Direct object pronouns	Indirect object pronouns
Singular **me** (*me*) **te** (*you-informal*) **lo** (*him, it, you-formal*) **la** (*her, it, you-formal, feminine*)	**me** (*to/for me*) **te** (*to/for you-informal*) **le** (*to/for him, her, it, you-formal*)
Plural **nos** (*us*) **os** (*you-informal*) **los** (*you-formal-masculine, them*) **las** (*you-formal-feminine, them*)	**nos** (*to/for us*) **os** (*to/for you-informal*) **les** (*to/for them, you-formal*)

- Object pronouns directly precede conjugated verbs.

    Lo vi en el gimnasio.

- **No** is placed before the object pronoun.

    No **lo** vi en el parque.

- The personal **a** must precede a direct object noun that refers to a person or persons.

    ¿Vas a ver **al médico** hoy? No, yo **lo** voy a ver mañana.

- With infinitives or present participles (**–ando/–iendo**), object pronouns may be placed either directly before the conjugated verb or after and may be attached to the infinitive or present participle. Remember that a written accent *may* be required when an object pronoun is attached to an infinitive or a present participle.

    ¿Viste la película nueva? No, estoy viéndo**la** ahora.

- Object pronouns are placed after affirmative commands and are attached to them.

    ¿Quieres que yo **te** dé la medicina ahora? Sí, da**me** la medicina ahora, por favor.

- Note that the object pronouns precede the verb with negative commands.

    No **lo** hagas ahora.

■ Indirect object pronouns may be clarified by using a prepositional pronoun (preposition **a + mí, ti, usted, él, ella, nosotros/as, vosotros/as, ustedes, ellos, ellas**) after the verb.

> ¿A quién les donan los órganos y tejidos? **Les** donamos los órganos y tejidos **a ustedes.**

Double Object Pronouns

Double object pronouns do not change their placement in a sentence, however, the indirect object pronoun precedes the direct object pronoun. When two third person object pronouns are used together, the indirect object pronouns **le** and **les** change to **se.**

> ¿**Le** traigo los documentos a las 2:00 de la tarde? Sí, tráiga**melos** lo más pronto posible. No **se los** dé a la secretaria.

 ## Práctica de gramática y vocabulario

2-36 Hubo un accidente en una fábrica. Aquí tienes una periodista que entrevista al dueño de la fábrica. Usa el presente del subjuntivo para completar las respuestas del dueño.

EJEMPLO: PERIODISTA: *¿Qué ocurrió en la fábrica?*
DUEÑO: *Hubo un accidente.*
PERIODISTA: *¿Ya se resolvió el problema?*

DUEÑO: No creo que _____.

PERIODISTA: ¿Es necesario evacuar la fábrica?

DUEÑO: No creo que _____.

PERIODISTA: ¿Cree Ud. que la fábrica abrirá mañana?

DUEÑO: Dudo que _____.

PERIODISTA: ¿Cree que el accidente causará problemas de salud para los empleados?

DUEÑO: Espero que _____.

PERIODISTA: ¿Cree Ud. que mañana podremos saber cuándo se va a abrir la fábrica nuevamente?

DUEÑO: Dudo que _____.

2-37 Juan González es diabético. ¿Cuáles son algunos de los problemas que puede tener? Completa las oraciones usando el presente del subjuntivo.

1. Es probable que el nivel de azúcar (subirle) _____ por la tarde.

2. Duda que (mejorarse)_____ pronto.

3. Juan no cree que (poder)_____ comer alimentos dulces.

4. Es necesario que (calmarse)_____ porque esta enfermedad no se cura fácilmente.

5. Su amigo José duda que (poder) _____ controlar su problema.

2–38 Haz un resumen de 12 frases que explique cómo se puede ser donante de órganos y tejidos. Después escribe 5 sugerencias usando el subjuntivo, para convencer a una persona que se convierta en donante.

2–39 Explica los pasos necesarios para evitar la contaminación de los gérmenes en la casa o en el lugar del trabajo. Usa mandatos afirmativos y negativos.

2–40 Ve a la Red y busca un periódico en español (ABC, El País, La Nación, etc.) Busca la sección para pedir ayuda. Contesta una de las cartas de la sección empleando expresiones de sugerencia, recomendación o duda con el presente del subjuntivo.

2–41 Haz una lista de sugerencias que le harías a una persona que sufre de depresión, tomando en cuenta lo que dice el artículo que leíste en este capítulo. Usa las siguientes expresiones y decide si debes usar el subjuntivo o no.

Es importante que…	Creo que…
Es necesario que…	Recomiendo que…
Es posible que…	Te sugiero que…
Es factible que…	Es imprescindible que…
Es evidente que…	

2–42 Escribe el adverbio de los siguientes adjetivos extraídos de las lecturas y crea una oración con cada uno de ellos.

EJEMPLO: fácil → fácilmente: *Consiguieron a un donante **fácilmente**.*

rápido → _____

sólo → _____

correcto → _____

alegre → _____

2–43 Aquí hay algunas sugerencias de lo que debes hacer para mantenerte con buena salud. Responde, según el ejemplo, con el verbo **deber** y reemplaza el complemento directo por el pronombre correspondiente.

EJEMPLO: *Hacer <u>ejercicios</u>.*
Debo hacer<u>los</u>.
o *<u>Los</u> debo hacer.*

1. Mantener <u>buena higiene</u>.
2. Adoptar <u>un estilo de vida sano</u>.
3. Combatir <u>el estrés</u>.
4. No tomar <u>alcohol</u>.
5. Comer <u>comidas balanceadas</u>.

2-44 Decides hacerte donante de órganos. ¿A quién se los das? Usa el ejemplo como guía y la estructura **ir + a + infinitivo**.

EJEMPLO: *A mi madre le voy a dar el carazón.*

1. A mi hermano/a...
2. A mis primos/as...
3. A mis amigos/as...
4. A mi novio/a...
5. A mis vecinos/as...
6. A ti...

2-45 Contesta las siguientes preguntas reemplazando el objeto directo, indirecto o los dos por el/los pronombre(s) correspondiente(s).

1. ¿Tienes pensamientos negativos?
2. ¿Necesitas un examen médico?
3. ¿Tienes un sistema de purificación para el agua en tu casa?
4. ¿El doctor te dio una vacuna?
5. ¿Tú crees que el doctor puede ayudar a las personas depresivas?
6. ¿Te interesa ser un donante?
7. ¿Es mejor usar toallas de papel?
8. ¿El doctor te sugirió un examen físico?

p. 68

p. 73

p. 81

Trabajo y lucro

CAPÍTULO 3

VOCABULARIO

El trabajo: Las evaluaciones

Los estereotipos

Problemas con el crédito

Instrucciones para llegar a un lugar

Las deudas

Cómo enviar dinero

GRAMÁTICA

Los mandatos formales e informales

Los complementos de objeto directo e indirecto con mandatos

Los pronombres reflexivos con mandatos

Cognatos falsos

DESTREZAS

Cómo dar y recibir instrucciones

A comenzar

3-1 Ve a Red a la dirección: *www.prenhall.com/quiosco*. Busca la página de negocios de El comercio, léela y luego responde las siguientes preguntas.

1. ¿Cuáles son los titulares del día?
2. Busca un artículo que te sea fácil de comprender y léelo.
3. Imprime una copia del artículo para tu profesor/a. Haz un resumen del artículo y entrégaselo a tu profesor/a junto con la copia del mismo.

 # A mirar: ACM, Automóviles de confianza

Photo by Maximo García

3-2 Completa las siguientes actividades según el anuncio.

1. Escribe una frase original con cada palabra del vocabulario.

2. Explica en un párrafo el mensaje del anuncio.

3. Describe una situación en la que tú o alguien que conoces haya sido víctima de prejuicios causados por estereotipos. Usa mandatos formales e informales para hacerle sugerencias a personas que hayan tenido una experiencia negativa a causa de los estereotipos. Sigue el ejemplo.

EJEMPLO: Situación: *Unos jóvenes entran en una tienda en grupo. Los empleados de esa tienda los vigilan con atención y los siguen por todos lados.*

Sugerencias:

1. *No entren en las tiendas en grupos grandes.*

2. *Sean muy corteses con los empleados y con los clientes.*

Cómo sobrevivir tu evaluación

 A pensar

3-3 Responde las siguientes preguntas con un/a compañero/a de clase.

1. ¿Has tenido una evaluación formal de trabajo alguna vez?

2. ¿Qué cualidades crees que debe tener el empleado ideal?

3. ¿Cómo reaccionas ante una crítica de tu jefe/a o de una autoridad?

 A aprender y aplicar el vocabulario

la calidad: el carácter, la índole

al cabo de: al fin de

el aumento de sueldo: la subida de salario

la empresa: la compañía

dialogar: conversar

marchar: andar, seguir, funcionar

el desempeño: la realización, el cumplimiento

Cómo sobrevivir tu evaluación

La mayoría de las compañías evalúa la calidad del trabajo de sus empleados al cabo de los primeros seis meses o al año de contratarlos. Dicha evaluación constituye, en muchas ocasiones, el momento en que se discute y decide si el empleado recibirá un aumento de sueldo y de beneficios. He aquí los pasos a seguir para que esa entrevista resulte provechosa.

Prepárate para ella

Lleva claro en tu mente lo que quieres enfatizar en esa reunión. Debes estar listo/a para mencionar las ocasiones en que tu manera de trabajar ha beneficiado a la empresa. No olvides que éste puede ser un momento decisivo en cuanto a tu posición en la compañía.

Dialoga con tu supervisor/a

No temas sugerir maneras de mejorar la eficiencia empresarial, si la ocasión es apropiada. Esto demuestra tu interés en que la compañía marche bien.

Escucha sus opiniones

Escucha la evaluación de tu trabajo que haga tu supervisor/a, mantén una actitud objetiva y no te pongas a la defensiva. Pregunta sobre aquello que no te quede claro y pide sugerencias para mejorar el desempeño de tu labor. Esto te dará directivas además de proporcionarte una oportunidad de aprendizaje.

Cierra amigablemente

Recuérdale a tu supervisor/a que estás interesado/a en las diferentes oportunidades de ampliar y diversificar tus responsabilidades y, claro está, de obtener un aumento de salario en el futuro. Al terminar, lo ideal es que tu supervisor/a y tú se den las gracias mutuamente por lo que han logrado en conjunto.

Evalúa nuevamente tu situación dentro de la empresa.

Si sientes que no se te aprecia, investiga la posibilidad de cambiar de trabajo.

3-4　Sustituye con un sinónimo de la lista del vocabulario cada palabra subrayada.

1. Las compañías evalúan la índole del trabajo de sus empleados.
2. Es importante conversar apropiadamente con el jefe.
3. Si todo anda bien, al fin de la conversación, se puede hablar del salario que uno recibe.
4. Eso quiere decir que la realización de las tareas es aceptable.

A comprender

3-5   Contesta las siguientes preguntas con oraciones completas.

1. ¿Qué aspectos de tu trabajo debes enfatizar ante tu jefe/a?
2. ¿Debes criticar en la evaluación la eficiencia empresarial?
3. ¿Qué debes hacer cuando tu jefe/a hable?
4. ¿Cómo debe terminar la reunión?
5. Si no estás satisfecho/a con el trabajo, ¿qué opciones debes considerar?

 ## A hablar

3-6   En parejas, representen la siguiente situación. Uno/a de ustedes es el/la
jefe/a de sección en una gran compañía. El/la otro/a es el/la empleado/a. El/la jefe/a
está molesto/a porque el/la empleado/a no está haciendo un buen trabajo, siempre
llega tarde, se duerme en el trabajo, se marcha temprano, etc. El/La empleado/a
debe contestar con cortesía, aceptar la crítica, prometer que todo va a cambiar en
el futuro y pedir una segunda oportunidad.

EJEMPLO: Jefe/a: *Sr./Sra./Srta. _____ necesito hablar con usted.*
Empleado/a: *Por supuesto, ¿qué se le ofrece?*
Jefe/a: *Bueno, para comenzar...*

 ## A escribir

3-7   Escribe una evaluación breve para un/a empleado/a imaginario/a que tienes.
¿Qué cualidades tiene él/ella que son provechosas? ¿Qué necesita hacer para mejorar
su labor? Incluye ejemplos de su comportamiento profesional, su manera de trabajar,
su cumplimiento del horario, su manera de vestir, etc. Hazle sugerencias utilizando
mandatos informales con la forma "tú".

¿Aplastados por las deudas?

 A pensar

3-8 En parejas, respondan las siguientes preguntas.

1. ¿Cuántas tarjetas de crédito tienen? ¿Cuándo las usan?
2. ¿Creen que gastan mucho o poco con ellas? ¿Por qué?
3. ¿Tienen otros préstamos más?
4. ¿Ahorran dinero mensualmente? ¿Cuánto aproximadamente?

 A aprender y aplicar el vocabulario

aplastados: sobrecargados, abrumados

las deudas: el dinero que uno debe

las mensualidades: el dinero que uno recibe/paga cada mes

agobiar: oprimir, sofocar

caer en la trampa: ser engañado

los gastos: el dinero que uno usa para las compras

apretarse el cinturón: disciplinarse, privarse de ciertas cosas

el estanquillo: el kiosko, el quiosco

ahorrar: poner el dinero que uno tiene en el banco, guardar dinero para una ocasión especial

el dinero en efectivo: el dinero que uno tiene para usar (billetes y monedas, efectivo)

disponible: a mano

la carga: la deuda, el problema

la tasa de interés: el porcentaje de interés

cuanto antes: lo más pronto posible

mensual: al mes

reponerse: recobrarse, volver a la normalidad

ceder: permitir

el historial: la historia

el préstamo: el dinero que otra persona o entidad nos permite utilizar durante un tiempo

perenne: perpetuo

¿Aplastados por las deudas?

Si las mensualidades de vuestras tarjetas de crédito os agobian, puede que hayáis caído en la trampa de las deudas. Para manteneros fuera de peligro, seguid estas sugerencias:

Llevad una lista de gastos. Durante los siguientes treinta días, anotad todas las compras que hagáis, por pequeñas que sean. Así sabréis dónde va vuestro dinero y tendréis control de los gastos.

Apretáos el cinturón. No hagáis compras innecesarias. Sacad libros y CDs prestados de la biblioteca. Comprad artículos de marcas genéricas. Suscribíos a revistas y periódicos en vez de comprarlos individualmente en el estanquillo. Lo que ahorréis os servirá para pagar vuestras deudas.

Destruid las tarjetas de crédito. Quedáos con sólo una, la que esconderéis en el congelador hasta que se presente una emergencia. Así gastaréis sólo el dinero en efectivo que tengáis disponible.

Reducid el interés que estáis pagando. Si no podéis pagar vuestras deudas de inmediato, al menos aliviad la carga. Buscad una tarjeta de crédito que os ofrezca una tasa de interés más baja y transferid el balance a la nueva compañía cuanto antes.

Ahorrad. Poned vuestro futuro en primer plano. Pensad que vosotros sois las personas más importantes a quienes tenéis que pagar una mensualidad. Si ahorráis tan solo $10 mensuales estaréis preparando una reserva que os ayudará a prevenir el caer en deuda, al tiempo que ganáis intereses.

Planificad. Podéis obtener lo que deseáis si definís vuestros objetivos y trazáis un plan de acción. Haced una lista de vuestras metas financieras. No compréis impulsivamente. Eso os ayudará a disciplinaros y a evitar tentaciones.

Buscad apoyo. La colaboración de otros os ayudará a reponeros de vuestros malos hábitos. Uníos a unos amigos que también estén tratando de controlar sus gastos. Tomad clases juntos y comparad información que os oriente.

Enseñad a vuestros niños el valor del dinero. Muchas personas se encuentran en dificultades económicas por no saber cómo decirle "no" a los niños. No cedáis ante sus antojos de ropa y juguetes de moda. Servidles de ejemplo para que en el futuro sean consumidores responsables.

Estableced un buen historial de crédito. Dejad de pensar en las tarjetas de crédito como objetos mágicos que os permiten comprar más allá de vuestros límites. Usadlas sólo cuando estéis seguros de que podréis pagar la cuenta completa cuando llegue. Es importante mantener buen crédito para el día que necesitéis un préstamo grande, como para comprar una casa, por ejemplo.

Dáos un gusto de vez en cuando. Como toda buena dieta, este plan no debe convertirse en un sacrificio perenne. Si os dáis un gusto razonable de vez en cuando podréis mantener vuestro programa satisfactoriamente.

DEUDAS

A aprender y aplicar el vocabulario

3-9 En parejas, contesten las preguntas con una palabra del vocabulario.

1. ¿Les agobian las mensualidades de las tarjetas de crédito?
2. ¿Cuál es su deuda mensual?
3. Hagan una lista breve de compras y gastos mensuales.
4. Expliquen qué representan para ustedes gastos necesarios y qué representan gastos innecesarios. Den ejemplos.
5. ¿Cuál es la tasa de interés que pagan en las tarjetas de crédito?
6. ¿Qué información incluye su historial de crédito?

3-10 Con un/a compañero/a contesten según la lectura.

1. Den cinco sugerencias para ahorrar dinero.
2. ¿Qué deben hacer para reducir las deudas?
3. ¿Por qué es importante establecer un buen historial de crédito?
4. ¿Cómo se enseña a los niños el valor del dinero?

 ## A hablar

3-11 En parejas desempeñen el papel de banquero y cliente. El banquero debe aconsejar al cliente y le hace preguntas para averiguar cómo puede reducir sus gastos y ahorrar dinero.

EJEMPLO: Cliente: *Buenas tardes, hice una cita para hablar con usted sobre mis deudas.*
        Banquero: *Usted no es la única persona con esos problemas. ¿Hace usted un presupuesto mensual?*

 ## A escribir

3-12 Basándote en la lectura, haz los siguientes ejercicios.

1. Haz un plan personal para reducir tus deudas y ahorrar dinero. Estima cuánto tiempo necesitas para pagar tus deudas.
2. Tus amigos tienen muchos deudas. Escribe seis consejos (utilizando el vocabulario) para ayudarlos. Usa tres mandatos afirmativos y tres negativos con la forma "vosotros".
3. Usando mandatos con la forma "vosotros", haz una lista de seis cosas que se puede hacer para salir de las deudas.
4. Tú eres un consejero financiero de una gran empresa. Debes aconsejar a una pareja joven. ¿Qué sugerencias les haces para que ahorren dinero? (Usa mandatos con la forma "vosotros" en tus sugerencias.)

Viajando en metro

 A pensar

3–13 En grupo, piensen que están en Madrid y viajan en metro. Consultando el plano del metro, empleen los mandatos con la forma "nosotros" para imaginar y luego escribir la conversación que tendrían en las siguientes situaciones.

1. Ustedes están en la parada Callao. Deben ir de Callao a Canillejas (línea 5).
2. Ustedes están en Ventas (línea 5). Deben ir al aeropuerto de Barajas.

 A aprender y aplicar el vocabulario

seguir derecho: *to go straight ahead*

cruzar la calle: *to cross the street*

doblar a la derecha: *to turn right*

doblar a la izquierda: *to turn left*

caminar por una cuadra, dos cuadras, etc.: *to walk one block, two blocks, etc.*

enfrente de: *in front of*

al lado de: *next to*

detrás de: *behind*

entre: *between*

cerca: *near by*

lejos de: *far from*

subirse al metro: entrar al metro

bajarse del metro: salir del metro

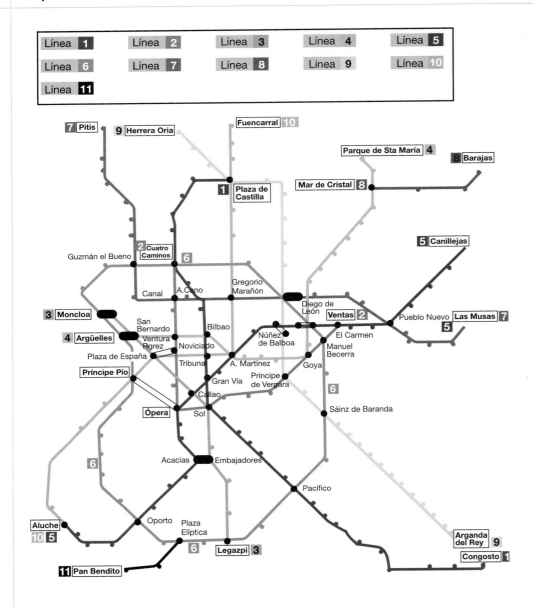

Línea 1 **Línea** 2 **Línea** 3 **Línea** 4 **Línea** 5
Línea 6 **Línea** 7 **Línea** 8 **Línea** 9 **Línea** 10
Línea 11

3-14 Es la primera semana que Pedro Arriola está en la universidad y le pide indicaciones a otro/a estudiante. Completa la siguiente conversación usando los mandatos informales de los verbos indicados.

PEDRO: Perdón, ¿sabes cómo llegar al Departamento de Español?

ESTUDIANTE: Sí, _____(seguir) derecho hasta la esquina. Luego, _____ (doblar) a la derecha en la calle Goti. _____ (caminar) dos cuadras hasta llegar a una plaza. _____(cruzar) la plaza y allí, entre la biblioteca y la cafetería está el edificio de Lenguas Modernas. _____(tomar) el ascensor hasta el segundo piso y _____(subir) la escalera de la izquierda.

A hablar

3-15 Tú y otro/a estudiante planean hacer un viaje durante el verano. Deben decidir adónde ir, qué visitar y qué medio de transporte usar. Ninguno/a de ustedes está de acuerdo con las propuestas del/la otro/a. Usen mandatos afirmativos y negativos con la forma "nosotros".

EJEMPLO E1: *¿Qué te parece si vamos a la India este verano?*
            E2: *No, no vayamos a la India. Viajemos a España para visitar los*
                   castillos medievales.

 ## A escribir

3-16 ¿Cómo se llega de la biblioteca de tu universidad a la cafetería? Escribe una nota indicándole a un/a estudiante que está de visita cómo puede encontrarse a comer contigo después de estudiar en la biblioteca.

Cómo enviar dinero en todo el mundo

 ## A pensar

3-17 Responde las siguientes preguntas.

1. ¿Cómo se puede mandar dinero de un país a otro?
2. ¿Has mandado dinero a otro país alguna vez? ¿A cuál?
3. ¿En qué situaciones es necesario recibir o mandar dinero a otro país?

 ## A aprender y aplicar el vocabulario

enviar: mandar

el socio: la persona que se asocia a un grupo, club o entidad, *member*

el destinatario: la persona que recibe el dinero

realizar: hacer realidad, ocurrir, suceder, pasar

la sucursal: la oficina secundaria/local

luego de que: tan pronto como

ubicado: localizado, situado

confiable: asegurado, seguro

elegir (i): seleccionar

manejar: dirigir

Continúa

la Red: el sistema

decepcionar: desilusionar, engañar

auxiliar: ayudar

las tiendas minoristas: las tiendas que venden sus productos al público

el sueldo: la paga, el salario

la moneda: el billete, el dinero en efectivo

el préstamo: la cantidad que le da a uno el banco para pagar un gasto grande

la hipoteca: la cantidad que le da a uno el banco para comprar una casa

la tarjeta de crédito: la tarjeta que uno usa con la promesa de pagar más tarde

RECUERDA

Some verbs are false cognates.

- **darse cuenta de** *to become aware* vs. **realizar** *to accomplish*.

- **atender** *to assist* someone vs. **asistir** *to attend an event* vs. **ayudar** *to help*

Cómo enviar dinero en todo el mundo

Ahora es muy simple transferir dinero

Gracias a *Western Union*, es fácil enviar o recibir dinero en todo el mundo. No es necesario tener tarjeta de crédito, cuenta bancaria o ser socio.

1. Simplemente traiga su dinero a cualquier agente de *Western Union* y llene un breve formulario.

2. Pague la comisión por el servicio.

3. Obtenga un recibo con el número de control de transferencia de dinero (MTCN).

4. Informe al destinatario de que realizó la transferencia.

5. El destinatario puede dirigirse a cualquier sucursal de *Western Union*, donde se le pagará inmediatamente tras verificar su identidad.

Las amables operadoras de *Western Union* en todo el mundo pueden responder a sus preguntas y ayudarle a encontrar los agentes ubicados más cerca de usted. Llame a cualquiera de los números que figuran abajo o busque en su guía telefónica local bajo el nombre "Western Union". Encontrará operadoras que hablan inglés, además de su idioma nacional.

Servicio confiable en todos los continentes

Millones de personas en todo el mundo eligen *Western Union* para manejar el dinero que han ganado con tanto esfuerzo. Ellos saben que nuestra red, puesta a prueba por el tiempo, posee la seguridad, confiabilidad y rapidez que nunca los decepciona.

Más gente confía en *Western Union* que en cualquier otro servicio de transferencia de dinero para sustentar a sus familias en su país de origen, auxiliar a viajeros en situaciones de emergencia, ayudar a estudiantes en países extranjeros y mantener sus negocios funcionando sin problemas.

Confianza

Western Union transfiere dinero de forma segura desde 1871. Cada año efectuamos millones de transferencias y cada una de ellas está protegida por nuestro sistema de seguridad a nivel internacional, que asegura que su dinero se entregue rápidamente y sólo a la persona correcta.

Rapidez

El dinero es recibido minutos después de haber sido enviado. *Western Union* emplea la tecnología electrónica más moderna y una exclusiva red internacional de computadoras para pago inmediato en más de 140 países.

Conveniencia

Los agentes de *Western Union* se encuentran donde usted los necesita: en bancos, oficinas de correos, farmacias, tiendas minoristas, supermercados, estaciones de ferrocarril, aeropuertos y otros sitios. La mayoría de las sucursales ofrecen horarios convenientes y atienden los fines de semana. Con más de 40.000 sucursales, *Western Union* es la red de transferencia de dinero más grande del mundo.

WESTERN UNION | **DINERO EN MINUTOS**

A aprender y aplicar el vocabulario

3-18 Usa un sinónimo para la palabra o palabras subrayadas.

1. <u>La persona que</u> recibe el dinero que alguien le <u>manda</u>.
2. Para <u>enviar</u> o recibir dinero, no es necesario <u>estar asociado a</u> *Western Union*.
3. La transferencia de dinero en efectivo <u>ocurre</u> casi inmediatamente y se puede efectuar en cualquier <u>oficina</u> del mundo.
4. Las <u>sucursales</u> están <u>localizadas</u> en <u>tiendas públicas</u>, bancos, oficinas de correos, etc.
5. Hace más de 125 años que *Western Union* <u>dirige</u> transferencias de dinero con su <u>sistema</u> extensivo internacional sin causar problemas ni <u>desilusiones</u> a nadie.

3-19 Familias de palabras: Usa cada palabra en una frase con sentido.

1. confiar	2. elegir	3. decepcionar
confiable	la elección	la decepción
la confianza	elegido	decepcionante

A hablar

3-20 En parejas, desempeñen los papeles de agente de *Western Union* y cliente/a. Hablen del proceso requerido para efectuar una transferencia de dinero e indiquen todos los pasos necesarios. Empleen mandatos formales. Consulten la sección al final de la revista si necesitan ayuda con este punto gramatical.

A escribir

3-21 Sigue las instrucciones a continuación para completar la actividad.

1. Escribe un anuncio para *Western Union* usando los mandatos formales. Incluye buenas razones para utilizar su servicio.
2. Escribe una conversación breve entre un empleado y su jefe. El empleado convence a su jefe para que utilice los servicios de *Western Union*. Incluye las ventajas de enviar dinero a través de este servicio. Emplea los mandatos formales en la conversación.

Navega a la segura por la Red

 ## A pensar

3-22 Respondan las siguientes preguntas.

1. ¿Has tenido alguna vez algún problema con la Internet? Explica lo que te pasó con tantos detalles como sea posible.
2. ¿Crees que la posibilidad de obtener información tan rápidamente es algo positivo o negativo? ¿Qué cosas han cambiado desde la creación de la computadora?

 ## A aprender y aplicar el vocabulario

navegar: ir de un lugar a otro en la Red

el recurso: aquello de que se dispone, el elemento

el riesgo: el peligro

indebida: no debida, peligrosa, fuera de la ley

la página principal: la primera página en un sitio de la Red, la página inicial

el proveedor: la persona o la empresa que da el servicio

bloquear: impedir el acceso, obstruir

vigilar: cuidar, estar atento

el salón familiar: el salón de entretenimiento; el cuarto donde la familia pasa mucho tiempo

los archivos: el lugar donde se guarda la información

el apodo: el sobrenombre, *nickname*

ganar confianza: hacerse buen amigo/a, ser confiable

el correo electrónico: el mensaje que se envía a través de la computadora

infalibles: que no fallan, seguros/as

auspiciado: patrocinado por, pagado por

Navega a la segura por la Red

por Nedda S. Perale Martin

La red de Internet es un maravilloso recurso de información que beneficia a niños, adolescentes y adultos. Sin embargo, son muchos los riesgos y peligros de una actividad en línea no supervisada.

Los siguientes consejos te ayudarán:

☞ Asiste a un curso de computadoras.

☞ Habla con tus hijos sobre el uso de la computadora y discute los posibles peligros. Un módem puede conectar a los menores con información indebida y con todo tipo de personas.

☞ Obtén acceso a la página principal de tu proveedor de servicio de la Red para determinar el número de horas mensuales que usas la computadora. Pregunta si te puede ofrecer un programa que bloquee los lugares que tengan contenido sexual o violento.

☞ Limita el tiempo que utilices la computadora ya que su uso puede ser adictivo. Controla el uso que tus niños hagan de ella para que no la utilicen en lugar de compartir con la familia o amigos.

☞ Instala el sistema en el salón familiar o en una zona de entretenimiento. Evita ubicarlo en un dormitorio o cuarto aislado. De esta manera podrás controlar las actividades que se realizan.

☞ Indícale a tus hijos que no den información personal a través de la Red, como su nombre, dirección, edad, sexo, números de teléfono, nombre de la escuela o información financiera. Aconséjales que no accedan a encontrarse con personas que conocieron a través de la Red.

☞ Observa los archivos guardados en la memoria de la computadora que terminen en las letras GIF, JPG, AVI, MP, TIF, PCX, DL y GL. Estos contienen imágenes fotográficas que pueden contener pornografía.

PELIGROS

Una conversación en línea es el equivalente a una conversación telefónica. La diferencia es que es anónima, ya que ni siquiera el sexo del interlocutor puede determinarse. Indícales a tus hijos que usen un apodo en lugar de su nombre verdadero.

Los pedófilos (personas que se sienten atraídas sexualmente por niños) usualmente se hacen pasar por menores de edad y utilizan la Red para ganar confianza y seducir a los niños.

SOLUCIONES

Hay numerosos programas en el mercado que se instalan en la computadora para bloquear lugares, palabras y frases con contenido violento o sexual. La industria cibernética se basa en lo que es apropiado para un adolescente de doce años.

El programa controla los lugares, los grupos, el tiempo que pasa el niño en la computadora, el correo electrónico que recibe y evita que se envíe información personal desde tu computadora.

Este *software* tiene muchos beneficios, pero no es infalible. Si tú o tus hijos reciben mensajes con contenido sexual, envía una copia a tu proveedor de servicio y pide su asistencia.

Supervisa a tus hijos cuando utilicen la computadora. Esta será la clave para navegar con seguridad por la Red.

3-23 Los estudiantes se dividen en tres grupos y cada grupo envía a un/a representante a la pizarra. El/la profesor/a lee una definición de la lista y cada representante escribe la palabra correspondiente del vocabulario en la pizarra. Los representantes cambian para cada definición. El grupo que haya tenido más aciertos gana.

 ## A comprender

3-24 Contesta las preguntas con frases completas.

1. ¿Cuáles son los riesgos de la Red? Menciona por lo menos tres.
2. ¿Cuáles son las sugerencias que los padres deben hacerles a sus hijos en cuanto al uso de la Red?
3. ¿En qué parte de la casa es mejor instalar la computadora?
4. ¿Con qué archivos hay que tener cuidado porque pueden contener material pornográfico?
5. Explica qué quiere decir la palabra "pedófilo".
6. ¿Existe *software* para controlar el uso de la Red? ¿Conoces este tipo de *software*?

 ## A hablar

3-25 En parejas, hablen de lo que la gente hacía antes de que existiera la computadora y de lo que ha cambiado con la aparición de la Red.

EJEMPLO *Antes de la Red se escuchaba más la radio y la gente conversaba más. Después de que apareció la Red la gente habla menos.*

A divertirnos: Arriesgarse

3-26 La clase se divide en tres o cuatro grupos: A, B, C, etc. Cada grupo elige la categoría con el número de puntos que quiere adivinar. Cada estudiante debe participar por lo menos una vez y tiene un minuto para responder. Para obtener los puntos, la respuesta debe ser completa y correcta. Si el grupo A no responde, el grupo B puede responder o pasar y así sucesivamente. El grupo con más puntos al final del juego, gana.

	MANDATOS INFORMALES EN SINGULAR	VOCABULARIO: SINÓNIMOS	MANDATOS FORMALES EN PLURAL	TRADUCIR
10 puntos	hacer	agobiar	vigilar	*Turn right.* (Informal)
20 puntos	decir	el sueldo	cuidar	*Let's cross the street.*
30 puntos	ahorrar	asistir	estar atentos/as	*To go straight ahead.*
40 puntos	ser	el apodo	empezar	*Walk 5 blocks.* (mandato con la forma vosotros)
50 puntos	navegar	auspiciado	pagar	*To accomplish.*

 ## A escuchar

3-27 Escucha las instrucciones que el/la jefe/a le da a sus empleados/as en la reunión anual de la compañía. Escribe los mandatos en el espacio en blanco.

1. _____
2. _____
3. _____
4. _____
5. _____
6. _____

Explicación gramatical

This section should be used to reinforce the grammar that appears in the articles which you have just read. You may use it to clarify points that are not clear, to review the grammar, or simply for more practice.

Commands

Informal Singular and Plural Affirmative Commands

Informal singular and plural commands, **tú** and **vosotros/as** (used only in Spain) are the only command forms that do not use the subjunctive.

- The informal singular command **tú** is formed by using the third person singular form of the present tense. Note that the personal pronoun follows the command.

hablar	**habla** tú
comer	**come** tú
abrir	**abre** tú
comenzar	**comienza** tú
volver	**vuelve** tú

There are several irregulars:

ir	**ve** tú
ser	**sé** tú
poner	**pon** tú
venir	**ven** tú
salir	**sal** tú
decir	**di** tú
hacer	**haz** tú

- Informal plural affirmative commands with **vosotros/as** (only used in Spain) are formed by dropping the final **r** of the infinitive and adding a **d**.

hablad　　　　**comed**　　　　**partid**

- For reflexive verbs the final **r** of the infinitive is dropped and **os** is added. Verbs that end in **-ir** require a written accent over the /-í/ when it precedes a reflexive pronoun.

acostaos　　　　**poneos**　　　　**dormíos**

- The only exception is the verb **irse**. It retains the final /-d/ and is written **idos**.

Negative Informal Singular and Plural Commands

Negative informal singular and plural commands are formed using the following three steps.

1. Conjugate the verb in the first person singular present tense.
2. Drop the /-o/ ending.
3. Add the endings shown below.

	-ar	-er, -ir	
tú	-es	-as	(no) hables, (no) comas, (no) abras
vosotros/as	-éis	-áis	(no) habléis, (no) comáis, (no) abráis

Formal Commands: Ud. and Uds.

The formal affirmative commands are formed by dropping the /-o/ of the first person singular of the present indicative and adding -e, -en for the -ar verbs and -a, -an for the -er and -ir verbs.

	-ar	-er, -ir	
Ud.	-e	-a	(no) hable, (no) coma, (no) abra
Uds.	-en	-an	(no) hablen, (no) coman, (no) abran

- If a verb ending in -ir has a stem-change in the first person plural (nosotros/as) and the second person plural (vosotros/as) the command form keeps the same change.

    o → ue durmamos, durmáis
    e → i   sirvamos, sirváis

- The following verbs are irregular:

dar	dé	den
ir	vaya	vayan
ser	sea	sean
estar	esté	estén
saber	sepa	sepan

- In verbs that end in -zar, -car, -gar spelling changes occur as follows:

almorzar:	z → c	before e, i:	almuerce	almuercen
buscar:	c → qu	before e, i:	busque	busquen
llegar:	g → gu	before e, i:	llegue	lleguen

- The negative plural commands are formed by adding no before the formal affirmative command singular or plural.

Let's Commands

The let's commands (**nosotros/as**) are formed with the first person plural of the present subjunctive:

	-ar	**-er, -ir**
Nosotros/as	-emos	-amos
	(no) **hablemos**	(no) **comamos**, (no) **abramos**

- The negative let's commands are formed by adding **no** before the affirmative command.

- With the verb **ir**, the subjunctive is used to express a negative command. The first person plural of the present indicative is used to form the affirmative **let's** command.

    vamos
    no vayamos

- With affirmative reflexive **nosotros/as** commands, conjugate the verb in the command form, drop the final /**-s**/ and add **nos**. Remember to add a written accent.

    acostémonos   volvámonos   divirtámonos

    Indirect, direct, and reflexive pronouns with affirmative and negative commands.

- With affirmative commands the direct, indirect, and reflexive pronouns are attached to the end of the verb, thus forming one word. Remember to place the indirect or reflexive pronoun first, followed by the direct object pronoun.

    Págame las deudas
    Pága**melas**

- With the negative commands, the pronouns are placed before the verb.

    No **te** quejes que no tenemos deudas.

 ## Práctica de gramática y vocabulario

3–28 Escribe una lista de los infinitivos de todos los verbos en el anuncio *ACM Automóviles de confianza*. Luego escribe los mandatos formales e informales, afirmativos y negativos para cada verbo.

3–29 Pon los verbos de la siguiente lista en forma de mandatos informales afirmativos y negativos, singulares y plurales.

evaluar	discutir	emplear
aumentar	enfatizar	olvidarse
dialogar	temer	mantener
hacer	pedir	mejorar
ampliar	diversificar	obtener

3-30 Da seis sugerencias sobre lo que se debe hacer en una entrevista de evaluación y seis sugerencias sobre lo que no se debe hacer durante la misma. Usa mandatos informales.

3-31 Pon los siguientes verbos en forma de mandatos afirmativos y negativos con la forma **vosotros/as**. Recuerda colocar el pronombre reflexivo apropiado en el lugar correspondiente.

mantenerse	anotar
hacer	apretarse
sacar	ahorrar
pagar	destruir
reducir	quedarse

3-32 ¿Qué debes hacer para efectuar una transferencia de dinero? Escribe el mandato formal singular de cada uno de los verbos y luego reemplaza los objetos por el pronombre. Sigue el ejemplo.

EJEMPLO: *Llevar el documento de identidad.*
         Llévelo.

1. No olvidar el dinero.
2. Llenar los formularios.
3. Obtener la dirección correcta.
4. Escribir el nombre del destinatario.
5. Pagar la cuenta.
6. Enviar el dinero.
7. Pedir el recibo.

3-33 Escribe una lista de lo que una persona debe y no debe hacer para causar una buena impresión en una entrevista de trabajo. Usa mandatos informales negativos y afirmativos. Sigue el ejemplo.

EJEMPLO: *No hables mucho.*   *Llega temprano*
                 Negativos   Afirmativos

1. _____   _____
2. _____   _____
3. _____   _____
4. _____   _____
5. _____   _____

3–34 Escoge una actividad que sepas o te guste hacer y explícale paso a paso a un/a compañero/a el procedimiento para hacerla. Sigue el ejemplo.

EJEMPLO: Sacar dinero del banco con tu tarjeta
*Ve al banco, **coloca** tu tarjeta en la ranura para acceder a tu cuenta, pon los números de tu código, **elige** la cuenta corriente o la cuenta de ahorros, **decide** cuánto dinero quieres, **toma** el dinero y **sal** del banco.*

3–35 Los estudiantes de una fraternidad están experimentando ciertos problemas porque tienen muchos estudiantes. Los estudiantes del último año han convocado a toda la fraternidad para hablar sobre lo que deben hacer. Usa mandatos con la forma **nosotros/as** para dar sugerencias.

EJEMPLO: *Tengamos menos fiestas.*

p. 92

p. 102

p. 106

Temas de hoy

CAPÍTULO 4

VOCABULARIO

Un accidente
El ciberbar
El tiempo
Las esquelas
El boxeo
La música

GRAMÁTICA

Pretérito
Imperfecto
Contraste entre el pretérito
  y el imperfecto
Usos especiales del pretérito

DESTREZAS

Cómo relatar experiencias
  pasadas
Cómo hablar del tiempo
Cómo leer un obituario
Cómo hablar de las actividades,
  los deportes y la música

A comenzar

4-1   Ve a la Red (*www.prenhall.com/quiosco*) y visita el sitio del periódico español *ABC*. Contesta las siguientes preguntas según lo que averigües en la Red y después compara tus respuestas con las de un/a compañero/a de clase. ¿Hay semejanzas o diferencias en la información que encontraron?

1. ¿Qué tipos de artículos aparecen en la portada? Descríbelos.
2. ¿Con qué frecuencia se publica el periódico? ¿Cuándo se publicó por primera vez?
3. ¿Cuántas secciones tiene este periódico? Describe las semejanzas y diferencias que tiene con los periódicos de los Estados Unidos.
4. Por lo general, ¿lees el periódico? ¿Qué secciones te interesan más?

A mirar: Tu seguridad es lo primero

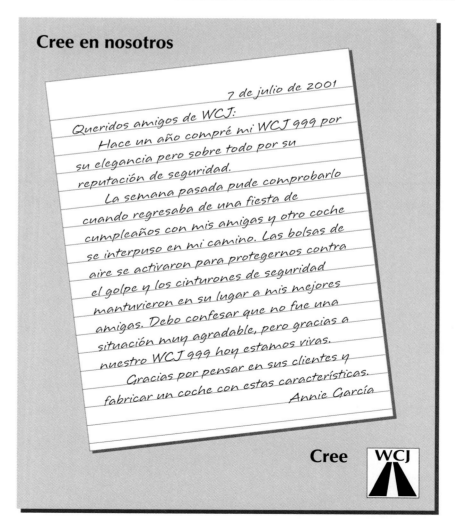

Cree en nosotros

> 7 de julio de 2001
>
> Queridos amigos de WCJ:
>
> Hace un año compré mi WCJ 999 por su elegancia pero sobre todo por su reputación de seguridad.
>
> La semana pasada pude comprobarlo cuando regresaba de una fiesta de cumpleaños con mis amigas y otro coche se interpuso en mi camino. Las bolsas de aire se activaron para protegernos contra el golpe y los cinturones de seguridad mantuvieron en su lugar a mis mejores amigas. Debo confesar que no fue una situación muy agradable, pero gracias a nuestro WCJ 999 hoy estamos vivas.
>
> Gracias por pensar en sus clientes y fabricar un coche con estas características.
>
> Annie García

Cree

WCJ

4-2   Contesta las siguientes preguntas de acuerdo con la lectura.

1. ¿Quién escribió la carta y por qué razón?
2. ¿Cuándo escribió la carta?
3. ¿Qué problema tuvo Annie?
4. ¿Fue un accidente grave o no? Incluye detalles.
5. Imagina que acabas de tener un accidente con tu auto. No es nada grave pero un/a policía te pregunta qué ocurrió para poder hacer su informe. Escribe un diálogo que incluya las preguntas y respuestas que formarían parte de tu conversación con el/la policía. Usa el pretérito y el imperfecto.

EJEMPLO: POLICÍA: *Buenas tardes, joven. ¿Puede decirme qué ocurrió?*
   TÚ: *Sí, yo iba conduciendo mi carro cuando…*

El ciberbar

Notas culturales

Los ciberbares se pusieron de moda en Hispanoamérica recientemente; pero todavía no son muy populares. Existen dos razones fundamentales por las que ésta no es una actividad muy común: la primera y más importante es el alto costo que supone para el cliente el hacer uso del servicio, y la segunda es que no todas las personas tienen una computadora en su casa y no saben bien cómo manejarlas. Pero poco a poco estos "bares del futuro" se van popularizando sobre todo en las grandes ciudades. ∎

 ## A pensar

4-3   ¿Frecuentas mucho los ciberbares? Explica a la clase por qué.

 ## A aprender y aplicar el vocabulario

recogido en una cola: la cola de caballo, una forma de peinarse (*ponytail*)
al cabo de: al final
la plata: el dinero
el ámbito: el ambiente, el lugar

EL CIBERBAR

El hombre de más de 40 años y pelo largo recogido en una cola entró al bar, pidió un refresco, se conectó a la Red y se puso a estudiar un programa de diseño de un estudio en París. Al cabo de tres horas pagó 15 dólares y se fue. El lugar entre la calle 8 y Belladona, se llama **Conexiones** y es uno más de los cibercafés que existen en la ciudad de Córdoba, en la República Argentina. Este sitio les sirve tanto a los que están aburridos como a los que no tienen plata para comprarse una computadora, o a los que quieren estudiar en otro ámbito.

4-4 Llena los espacios en blanco con la forma correcta de la palabra correspondiente del vocabulario.

El muchacho con la 1. _____ que está sentado en el fondo de

la clase tiene mucha 2. _____. Su padre es un empresario importante.

3. _____de sus estudios piensa ir a Europa para cambiar de

4. _____.

 ## A comprender

4-5 En parejas contesten las siguientes preguntas de acuerdo con el artículo.

1. ¿Quién está en el ciberbar y por qué?
2. Describan a la persona.
3. ¿Cuántos años tiene?
4. ¿Qué se puso a estudiar?
5. ¿Cuánto tiempo estuvo y cuánto pagó?

A hablar

4-6   Habla de lo siguiente con un/a compañero/a de clase.

1. ¿Hay ciberbares donde ustedes viven? ¿Dónde están?
2. ¿Son muy populares? ¿Por qué?
3. ¿Son caros o accesibles al público en general? ¿Cuánto cuestan?
4. Por lo general, un bar es un lugar de reunión y charla. ¿Creen que estos bares contribuyen a que las personas se aislen más aún? ¿Cuál es su opinión?

 ## A escribir

4-7   Compara los bares tradicionales con los ciberbares. Escribe dos párrafos cortos; en uno expón las ventajas y desventajas de los dos tipos y en el otro incluye tu opinión personal al respecto.

El tiempo

 ## A pensar

4-8   Habla de lo siguiente con un/a compañero/a de clase.

1. El tiempo de hoy.
2. La estación del año en que están ahora.
3. El pronóstico del tiempo para mañana y para el resto de la semana en su localidad.
4. La actividad favorita cuando hace mal tiempo.

 ## A aprender y aplicar el vocabulario

el pronóstico del tiempo: *the weather report*

la Península Ibérica: la península donde están España y Portugal

Barajas: el aeropuerto internacional de Madrid

El Retiro: el parque principal de la ciudad de Madrid

anticiclón: la alta presión

la borrasca: la tormenta

el frente frío: el aire frío que atraviesa una región

el frente cálido: el aire caluroso que atraviesa una región

el mar rizado: el océano con muchas olas

la marejada: las olas grandes   *Continúa*

la marea baja: *low tide*

la marea alta: *high tide*

mar gruesa: mar agitado

la tormenta: la tempestad

despejado: sin nubes

los chubascos: chaparrones, lluvia fuerte

la nieve: *snow*

la lluvia: *rain*

soleado: con mucho sol

nuboso: con nubes

la niebla: *fog*

cubierto: con muchas nubes

el viento: *wind*

el granizo: *hail*

el huracán: *hurricane*

la llovizna: lluvia muy finita

oscilar: variar

soplar: correr el viento haciéndose sentir, despedir aire con violencia

flojo: débil

amanecer: cuando sale el sol

oscurecer: cuando se pone el sol

la humedad: *humidity*

el norte

el noroeste   **N**   el noreste

el oeste   **O**   **E**   el este

el suroeste   el sureste

S

el sur

RECUERDA

Para expresar que uno siente frío, calor, etc. se usan expresiones con el verbo **tener**: **tengo** frío, **tengo** calor. Cuando se habla sobre el tiempo generalmente se usan expresiones con los verbos **hacer**, **estar** y **haber** (hay).

- Hoy **hace** frío y **hace** muchísimo viento.

- **Está** nublado, **hace** frío.

- **Hay** viento, **hay** niebla.

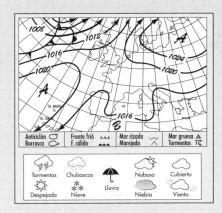

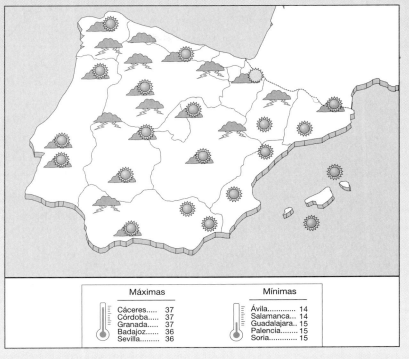

Máximas		Mínimas	
Cáceres.....	37	Ávila.............	14
Córdoba.....	37	Salamanca...	14
Granada.....	37	Guadalajara..	15
Badajoz......	36	Palencia........	15
Sevilla.........	36	Soria.............	15

EL TIEMPO

El anticiclón sobre las islas Azores y las bajas presiones relativas al sur de la Península Ibérica vuelven a observarse en el mapa previsto para el mediodía de mañana. Se trata, por tanto, de una situación típica de los meses estivales y con la que, un día más, cabe esperar la formación de nubes durante la tarde en distintas zonas del interior, que en algunos casos darán origen a chubascos tormentosos.

AYER

El ambiente soleado ha sido la tónica general del país, si bien se formaron algunos intervalos nubosos por zonas mediterráneas y en algunos puntos montañosos del interior.

En Madrid: Máxima, 35 grados, y mínima, 17 (Barajas); máxima, 34 grados, y mínima, 21 (Retiro). La presión a las veinte horas era de 1.019,2 milibares, con tendencia a mantenerse estable. Los valores de la humedad oscilaron entre el 42 y el 65 por ciento. El viento sopló flojo, de componente oeste.

Datos astronómicos: El Sol saldrá hoy, a las siete horas y treinta minutos y se pondrá a las veintiuna horas y cinco minutos. La Luna, en fase menguante, saldrá a las veintidós horas y veintiocho minutos y se pondrá a las nueve horas y cuarenta y siete minutos.

Área de Madrid: Cielos despejados por la mañana y algún núcleo tormentoso por la tarde, más frecuente en la Sierra. Vientos flojos del sur y temperaturas sin cambios.

Andalucía: Algunas nubes por las zonas occidentales que pueden generar tormentas.

Aragón: Cielos despejados, con núcleos nubosos en áreas de montaña.

Asturias: Nubosidad variable, con algún chubasco tormentoso.

Baleares: Predominio del ambiente soleado.

Canarias: Cielos poco nubosos o despejados.

Cantabria: Aumento de la nubosidad, con algún chubasco débil.

Castilla - La Mancha: Soleado a primera hora y algún foco tormentoso por la tarde.

Castilla y León: Núcleos nubosos, con algún fenómeno tormentoso.

Cataluña: Ambiente soleado, con alguna nube tormentosa en los Pirineos.

Comunidad Valenciana: Predominio de los cielos poco nubosos o despejados, con alguna tormenta por la tarde.

Extremadura: Núcleos nubosos a última hora del día.

Galicia: Parcialmente nuboso, con algún chubasco.

La Rioja: Aumento de la nubosidad por la tarde, con posibilidad de tormentas.

Murcia: Predominio de los cielos poco nubosos o despejados.

Navarra: Núcleos nubosos, que a última hora pueden originar tormentas.

País Vasco: Soleado por la mañana y algunas nubes a lo largo de la tarde.

Mañana: Se formarán algunos núcleos nubosos de origen tormentoso en el interior de la Península, dominando el ambiente soleado en el resto, con temperaturas sin cambios.

4-9   Llena cada espacio en blanco con una palabra correcta del vocabulario.

1. Cuando hay tormenta, hay _____ y hace _____.
2. Llevo paraguas cuando _____.
3. Cuando oscurece se _____ ____ _____.
4. Cuando sale el sol, _____.
5. Cuando hay un huracán, _____ _____, y _____ mucho.
6. Hay mucha _____ cuando hace mucho calor.
7. Viene un _____ _____ cuando la temperatura empieza a bajar.
8. Cuando la lluvia se convierte en hielo se llama _____.
9. En el norte _____ mucho en el invierno.
10. Cuando hace sol decimos que es un día _____.
11. Cuando hay nubes decimos que es un día _____.

A comprender

4-10 Contesta según el pronóstico del tiempo.

1. En Madrid, ¿cuáles fueron las temperaturas máxima y mínima?
2. ¿Cuáles fueron los valores de la humedad?
3. ¿Hizo viento?
4. ¿A qué hora amaneció? ¿A qué hora oscureció?
5. ¿Puedes ubicar Asturias en el mapa? ¿Dónde está?
6. En Asturias, ¿llovió?
7. ¿Qué tiempo hizo en Galicia? ¿Dónde está ubicada esta provincia?
8. En Cataluña y en el País Vasco, ¿qué pasó ayer?
9. Describe el tiempo en las Islas Canarias.
10. ¿Cómo estuvo el tiempo ayer en la ciudad donde vives tú? Explica detalladamente.

A hablar

4-11 Con un/a compañero/a escojan un país latinoamericano. Vayan a la Red y busquen información sobre el tiempo que hace en ese país. Compartan la información. Recuerden que las estaciones son opuestas en el hemisferio norte y en el hemisferio sur. Luego hablen de lo siguiente:

1. ¿Dónde les gustaría estar en este momento? ¿Por qué?
2. ¿Cuál es su estación favorita y qué actividades hacen?

A escribir

4-12 Busca la página del tiempo en un periódico local o ve a la Red. Describe el tiempo que va a hacer en tu área toda la semana. Compara el tiempo que hace ahora con el de la estación anterior. ¿Cuáles son las diferencias?

Esquelas

 ## A pensar

4-13 Compara la información que se da en las esquelas con la que encuentras en los obituarios de tu periódico local o en la Red.

1. ¿Por qué crees que en todos los avisos aparece una cruz? ¿Ocurre lo mismo en los obituarios de los Estados Unidos? ¿Por qué crees que esto es así?

2. En el primer obituario se anuncia el aniversario del fallecimiento de una persona. ¿Se encuentra ese tipo de anuncios en los periódicos de tu localidad? ¿Qué otras diferencias hay en los avisos? Si hay estudiantes extranjeros en tu clase pregúntales cómo son los obituarios en su país.

 ## A aprender y aplicar el vocabulario

la esquela: carta breve o noticia corta. Aviso de la muerte de una persona que se publica en los periódicos.

D.E.P./ R.I.P./Q.E.P.D: que en paz descanse

el/la viudo/a: el /la esposo/a de la persona fallecida

fallecer: morir

la oración: lo que una persona dice cuando reza

el alma: el espíritu de una persona

enterrar: poner bajo la tierra

rogar: pedir, rezar, suplicar

el entierro: el acto de enterrar el cuerpo

la incineración: quemar, calcinar el cuerpo

el crematorio: el lugar donde se quema el cuerpo

los hijos políticos: *in-laws*

las muestras de solidaridad: las expresiones de cariño

la vela: *candle*

el velatorio: el lugar donde se cuida el cuerpo de un difunto el ataúd: la caja de madera donde se pone el cuerpo antes de enterrarlo

los candelabros: *candle sticks*

la funeraria: el lugar donde se hace el funeral

fúnebre: lúgubre, tétrico

efectuarse en la intimidad: realizarse en privado, sólo para la familia

DÉCIMO ANIVERSARIO:

SOLEDAD MAZARRASA QUIJANO

VIUDA DE BOTÍN

FALLECIÓ EN MADRID

EL DÍA 20 DE AGOSTO DE 1987:

D. E. P.

Su hija, Lucía

RUEGA una oración por su alma.

ROGAD A DIOS EN CARIDAD POR EL ALMA DEL SEÑOR

DON RAFAEL PASTOR MORALES

PERITO INDUSTRIAL

FALLECIÓ EN GRANADA

EL DÍA 17 DE AGOSTO DE 1997

Después de recibir los Santos Sacramentos

D. E. P.

Sus hijos, Gema, Rafael, Fernando y Vicente, nietos, sobrinos, demás familiares y amigos

RUEGAN una oración por el eterno descanso de su alma.

CIPRIANO DOPICO MARTÍNEZ

MARINO MERCANTE

FALLECIÓ EN MADRID

EL DÍA 18 DE AGOSTO DE 1997

a los ochenta años de edad

D. E. P.

Su familia y amigos

RUEGAN una oración por su alma.

La incineración tendrá lugar hoy, día 20, partiendo a las doce treinta horas, del sanatorio de Salvador de Madariaga, II (M-30), hacia el crematorio del cementerio de Nuestra Señora de la Almudena.

EL EXCELENTÍSIMO SEÑOR

DON JOSÉ REPRESA RODRÍGUEZ

FALLECIÓ EN VALDEMORILLO

EL DÍA 15 DE AGOSTO DE 1997

D. E. P.

Su esposa, hijos, hijos políticos y nietos agradecen sinceramente todas las muestras de solidaridad y afecto recibidas de sus amigos, compañeros y familiares.

ROGAMOS una oración por su alma.

Notas culturales

El Día de los Muertos es un rito celebrado en todos los países de habla hispana y en ciertas partes de los Estados Unidos. Este día es celebrado de maneras diferentes según cada país. Se trata de una fecha especial para recordar y homenajear a amigos y parientes que han muerto.

En México la celebración mantiene los principios básicos del ritual azteca mezclado con la ideología católica. Los españoles consideraron este ritual azteca como un sacrilegio, pero no pudieron hacer nada para impedir esta celebración. Para hacerlo más cristiano los españoles lo cambiaron de fecha para que coincidiera con el 1 de noviembre, Día de Todos los Santos. En el calendario cristiano éste es un día dedicado a celebrar a todos los mártires religiosos.

El 2 de noviembre es el Día de los Muertos, el cual celebra a las ánimas de los fieles difuntos que están en el purgatorio. En otros países, como por ejemplo en Argentina, es el Día de los Muertos por la Patria.

Si quieres averiguar más sobre esta celebración ve a la Red (*www.prenhall.com/quiosco*). ■

4-14 Llena cada espacio en blanco con la palabra correspondiente de la lista a continuación. No necesitas todas las palabra de la lista.

rezan	velas	muertos	ataúdes
alma	almas	ceremonia privada	

El 2 de noviembre se celebra el Día de los muertos en Latinoamérica. Ese día los católicos van al cementerio para conmemorar a sus _____. Allí _____ mucho por el descanso de sus _____. Algunas personas ponen _____ sobre los altares y también llevan flores. En México y Guatemala por ejemplo, las familias dejan comida en las tumbas de sus parientes. Se cree que el muerto vuelve ese día a visitar a su familia.

 A comprender

4-15 Contesta las preguntas según los anuncios de las esquelas.

1. ¿Dónde y cuándo falleció don Rafael Pastor Morales? ¿Cuál era su profesión?
2. ¿Cuánto hace que falleció Soledad Mazarrasa Quijano? ¿Qué se cumple ahora?
3. ¿Cuántas de las personas murieron en Madrid?
4. ¿Quién fue marino mercante?

A hablar

4-16 En parejas, hablen de lo siguiente.

1. ¿Hay una fecha similar al Día de Todos los Santos en los Estados Unidos?
2. ¿Cómo se llama ese día?
3. ¿Cuándo se conmemora?
4. Mencionen las diferencias y similitudes con la celebración en los países latinoamericanos.

 ## A escribir

4-17 Eres periodista para un periódico de habla hispana. Ha fallecido alguien importante y debes escribir su esquela. Con la ayuda de tu imaginación inventa a la persona que murió incluyendo detalles de su vida política, artística o familiar. Usa el pretérito y el imperfecto.

La joya del boxeo

 ## A pensar

4-18 En parejas, comenten los siguientes temas.

1. Sus deportes favoritos.
2. Su deportista favorito/a y las razones de su elección.
3. La diferencia entre los deportistas de hoy en día y los de los años pasados (cantidad de dinero que reciben, tipo de entrenamiento, etcétera).
4. Su opinión sobre los deportistas que abandonan su profesión y se dedican a hacer algo completamente diferente. Mencionen a algunos y expliquen qué hacen ahora.

 ## A aprender y aplicar el vocabulario

aullar: *to howl*

el codazo: golpe que se da con el codo

de puntitas: sobre las puntas de los pies

papacito: piropo para un hombre guapo

el muñecote: muñeco grande, en este caso piropo cariñoso

la bata: especie de abrigo que se usa al levantarse de la cama

alborozadas: enloquecidas por el entusiasmo, entusiasmadas

presenciar: asistir, ser testigo de algo

revelador: importante

el frenesí: locura, delirio, entusiasmo

desmesuradamente: excesivamente

mudas: que no pueden hablar

sido: participio pasado de **ser**

un centro nocturno: un club

el pesaje: acción de pesar, registrar el peso de un boxeador

las seguidoras: las aficionadas

visto: participio pasado de **ver**

Menudo: un grupo famoso de cantantes jóvenes

convertido: participio pasado de **convertir**

codiciado: deseado

reclutar: buscar

la cumbre: el pico, la parte más alta

trascender: ir más allá

la sensibilidad: la preocupación por los sentimientos de los demás

las prendas íntimas: la ropa interior

los puños: las manos cerradas como para pelear o pegar a alguien

la derrota: el acto de ser vencido, o perder

los logros: los éxitos

la fortaleza: la fuerza

estropear: arruinar

el cuadrilátero: la arena donde se pelea

los contrincantes: los adversarios

esquivar: evitar

la guardia baja: sin estar preparado, especialmente un boxeador

lastimado: dañado, herido

RECUERDA

Los sufijos **-ito**, **-ita**, **-illo**, **-illa**, **-cito**, **-cita** indican que algo es pequeño. Por lo contrario **-ón**, **-ona**, **-ote**, **-ota** indican que algo es muy grande.

Se puede añadir los sufijos **–azo**, **-ón**, **-ada** al nombre de una parte del cuerpo para indicar un golpe dado con esa parte del cuerpo.

- los puños: **el puñetazo**
- el codo: **el codazo**
- la pata: **la patada**, **el patazo**, **el patadón**
- la cabeza: **el cabezazo**

La joya del boxeo

Óscar de la Hoya conquista con sus puños y su sonrisa

Por Alejandro Maciel

Las mujeres aullaban, reían y gritaban. Muchas se abrían paso entre la multitud a codazos o de plano se paraban de puntitas para poder ver al hombre que se encontraba semidesnudo en el escenario. "¡Papacito...muñecote!" gritaba entusiasmada una morena. Pero cuando se quitó la bata que lo cubría, la reacción de las alborozadas damas, que en algunos casos llegaron de lugares tan lejanos como Dakota del Sur para presenciar este preciso y revelador momento, pasó del frenesí a la histeria. Algunas simplemente abrieron desmesuradamente los ojos y se quedaron mudas.

Ésta podría haber sido una escena de cuando existían los clubes *Chippendales*. Sin embargo, éste no era un hombre haciendo un espectáculo de desnudo en un centro nocturno a media luz, sino la ceremonia de pesaje en un bien iluminado hotel de El Paso, Texas, antes de una pelea de boxeo. Y la estrella que causaba esta conmoción no era otra que Óscar de la Hoya, "el muchacho dorado", de 25 años cuya sola presencia provoca una revolución hormonal entre sus seguidoras.

"Yo nunca había visto algo así—dice Mark Taffet, vicepresidente decano de TVKO (*Pay Per View* de HBO)—. Parecía como si estuviéramos en un concierto de Menudo." No exagera. Desde su victoria sobre Julio César Chávez en junio de 1996, en junio de 1996, de la Hoya se ha convertido en uno de los solteros más codiciados y en una mina de oro para las agencias de publicidad que normalmente no reclutan a sus modelos en las arenas de boxeo. Por ello, lo mismo se le ha visto engalanando la portada de *Playgirl* o en las páginas de *In Style* y *Harper's Bazaar*, que modelando jeans o sentado en el set de *The Tonight Show* con Jay Leno, hablando del deporte que lo ha elevado a la cumbre de la popularidad. "Creo que es mucho más que un boxeador—dice Jay Schulberg, director creativo de la campaña "el bigote de leche", que utilizó a de la Hoya en una de sus promociones—. Hay algo en su carácter que lo hace trascender el boxeo."

Para las mujeres que llenan los estadios (casi un 30 por ciento en cada pelea), ese "algo" no es un misterio. "Él lo reúne todo: es guapo, tiene carisma, coraje y sensibilidad", dice Maribel Villalva, una editora del periódico *El Paso Times*. Ella quedó impresionada con la multitud de mujeres que perseguían a de la Hoya —y que en algunos casos le lanzaban sus prendas íntimas— durante su visita a esta ciudad para enfrentarse al boxeador francés Patrick Charpentier. "De la Hoya tiene todo lo que podría desear una mujer", agrega Villalva.

Claro, y tampoco está de más ser multimillonario con una fortuna que se estima cerca de $35 millones, con una mansión en Bel-Air, dos condominios en Cabo San Lucas y una cabaña que le costó $1.1 millones en las montañas de San Bernardino, California.

Pero aunque ha obtenido parte de sus millones con el poder de su sonrisa, son sus puños los que le han llenado los bolsillos. Después de haber ganado la medalla de oro en las Olimpiadas de 1992, este méxico-americano nacido en la parte este de Los Ángeles se convirtió en la sensación del deporte profesional, alcanzando hasta el momento un récord de 28 victorias sin ninguna derrota. A pesar de estos logros, sus detractores —en su mayoría hombres— dicen que ha evitado enfrentarse con adversarios que pondrían a prueba su fortaleza. Para ellos, su estilo no tiene nada de lindo.

"Él lo reúne todo: es guapo, tiene carisma, coraje y sensibilidad"

Por su parte, de la Hoya dijo que no teme pelear con los mejores de su categoría, pero que tampoco desea terminar incapacitado como otros boxeadores. "Un solo golpe puede estropearlo todo", dice de la Hoya acerca de su futuro, en el que se ve retirado del boxeo antes de los 30 años. Consciente también de que el golpe fatal que derrumbaría sus esperanzas podría ocurrir fuera del cuadrilátero, de la Hoya cuida su imagen con la misma precaución que usa frente a sus contrincantes. Pero no siempre logró esquivarlos.

De la Hoya se encontró con la guardia baja cuando se supo que su ex novia, cuyo nombre no ha sido revelado, había dado a luz a un hijo. El campeón no sólo se hizo cargo del niño en términos económicos, sino que también visita a su hijo, Jacob, con mucha frecuencia. Sin embargo, la publicidad negativa que generó el caso lo dejó lastimado, pero con una valiosa lección acerca de la fragilidad de la fama.

Pese a esos golpes, de la Hoya sigue dedicado a dejar su nombre impreso en los libros del boxeo y a planificar una vida después de los guantes y la violencia. Está pensando dedicarse exclusivamente a la música, ya sacó su primer disco compacto y con mucho éxito. Mientras tanto, ya sea en el cuadrilátero o en un escenario, apoyándolo con todo fervor, estarán las legiones de admiradoras esperando de él nada más que esa sonrisa y esa mirada que las derrite.

4-19 Describe en un párrafo lo que ocurrió cuando saliste de una discoteca. Usa las siguientes palabras.

centro nocturno   presenciar
mudo   pararse en puntitas
a codazos   pelear

4–20 Haz una familia de palabras partiendo de la lista a continuación. Usa sustantivos, adjetivos o infinitivos.

EJEMPLO: alborozado: *el alborozo, alborozar*

1. muñecote: _____
2. papacito: _____
3. lastimado: _____
4. la derrota: _____
5. codiciado: _____

 ## A comprender

4–21 Contesta las preguntas según el artículo sobre Óscar de la Hoya.

1. ¿Por qué gritaban las mujeres al ver a Óscar de la Hoya?
2. ¿Qué le gritaban?
3. ¿Qué pasó cuando el boxeador se quitó la bata?
4. ¿Con quién compara Mark Taffet a Óscar?
5. ¿Por qué es Óscar uno de los solteros más codiciados del mundo?
6. ¿Cuándo alcanzó él la fama?
7. ¿Cuál es la crítica que le hacen sus adversarios?
8. ¿Qué está haciendo Óscar ahora? ¿Cuáles son sus planes futuros?

 ## A hablar

4–22 En parejas comparen el boxeo con otros deportes, por ejemplo el rugby, el fútbol americano, el balompié, el baloncesto, el tenis, etc. Den ejemplos para apoyar sus opiniones.

4–23 La clase se divide en grupos de tres o cuatro estudiantes. Una persona de cada grupo hace el papel de locutor/a de radio, los otros hacen el papel de oyentes. El/La locutor/a describe a sus oyentes una pelea entre unos boxeadores famosos. Su descripción debe incluir muchos detalles. Los oyentes pueden colaborar y hacer preguntas. Usen el pretérito y el imperfecto. Consulten la sección final del capítulo si necesitan ayuda con este punto gramatical.

A escribir

4-24 Este artículo está compuesto de nueve párrafos. Resume cada párrafo usando tus propias palabras.

EJEMPLO: *El primer párrafo trata sobre la reacción de las mujeres cuando ven al boxeador, lo que gritan y el alborozo que causa su actuación.*

Jon Secada presenta a "Secada"

A pensar

4-25 Comparte con la clase tus respuestas a estas preguntas y explica tus razones:

1. ¿Cuáles son tus cantantes favoritos/as? ¿Por qué?
2. ¿Qué tipo de música prefieres?
3. ¿Cantas o tocas un instrumento? ¿Cuál(es)?

A aprender y aplicar el vocabulario

conceder una tregua: acceder a un período de paz, de descanso

el aumento salarial: la subida de sueldo

fugaz: pasajero

las patrullas: grupos de policías

el transeúnte: la persona que camina por la calle

pareciera: *seemed* (imperfecto del subjuntivo de **parecer**)

apuestas: guapas, elegantes

ajetreo: agitación, movimiento

superdichoso: muy contento, muy a gusto

aprovechar de: utilizar la oportunidad de

aportar: poner, contribuir

retroceder: volver atrás

Jon Secada presenta a
"Secada"

Después de tres días de sofocante calor en Nueva York, el clima concedió una tregua, pero enviándonos una llovizna fastidiosa que desapareció después de entrada la tarde. A pesar de eso, decenas de trabajadores de una importante cadena de almacenes de la ciudad no se inmutaron en ningún momento y continuaron su protesta por un aumento salarial, en la calle 57 entre la Sexta y Séptima en Manhattan. Permanecían dentro de una especie de corral construido por la policía con barreras azules de madera.

Los clientes que llegaban al famoso "Hard Rock" escasamente lanzaban una mirada desinteresada y fugaz. Patrullas policiales iban y venían para controlar a los manifestantes. Lujosas limosinas dejaban y recogían a pasajeros de restaurantes y hoteles de los alrededores. Mientras tanto, los carros públicos de color amarillo seguían en la disputa permanente de la vía, e infinidad de transeúntes caminaban de prisa de un lado hacia otro.

Es el permanente decorado de esta famosa y populosa zona de la Capital del Mundo en donde pareciera que todo sucede al mismo tiempo con inusitados contrastes. Un ejemplo es lo descrito antes al compararlo con la tranquilidad interior del hotel situado junto a donde en este momento se encontraban los trabajadores, que temprano en la mañana vieron entrar allí a Jon Secada, la gran estrella cubana de la música moderna.

La tranquilidad se vuelve a romper al ingresar a la suite 3723 ocupada por Jon, en donde varios periodistas esperan turno para entrevistarlo; entre tanto dos apuestas jóvenes están pendientes de que el artista firme decenas de posters, y dos expertos disponen todo lo necesario para la grabación de un segmento para la televisión. Los teléfonos no cesan de repicar, es gente que ya se ha enterado que Jon Secada se encuentra en Nueva York.

Todo es rápido, de acuerdo a la constante vida actual del artista, que luego de convertirse en superestrella apenas tiene tiempo para descansar unas pocas horas al día. Sus compromisos están cronometrados y preparados con un orden estricto. Hoy se encuentra en Nueva York, mañana tiene que viajar a China, después deberá estar en Italia y México, etc.

—¿No se cansa de tanto viaje, compromisos, intenso trabajo y largas horas en los estudios de grabación? — le preguntamos a Jon en el tiempo que amablemente le dispensó a TEMAS para una entrevista.

"No —responde— el ajetreo permanente no es fácil naturalmente, pero eso es parte de mi carrera, me gusta…y me gusta lo que hago, vaya, super dichoso de poder hacerlo. Con dedicación y disciplina todo se logra."

—Jon, la época en que eras corista de Gloria Estefan y tus padres vivían y te educaban con las ganancias de un establecimiento de venta de gaseosas en Miami, ha quedado atrás. Nos imaginamos que en lo personal tú también has cambiado mucho, ¿verdad?

"No creas, yo no he cambiado. Sigo siendo la misma persona sencilla y humilde, aunque más maduro en todos los aspectos y con mucho trabajo. Además pienso que cada día que llega trae la oportunidad de aprender y lo aprovecho. Al mismo tiempo mantengo firmes mis relaciones con Dios. En cuanto a mis padres, ya están jubilados y la tienda se cerró para siempre. Por fortuna, ya no tienen necesidad de trabajar."

—¿Cuál sería tu explicación al hecho de haber llegado tan alto artísticamente?

"En este mundo de la música, uno debe aportar el trabajo y el sacrificio y dejar que Dios y la suerte decidan el resto."

—¿Mencionas a Dios permanentemente, le temes?

"Cuando se vive en paz con uno mismo, y con Él, no hay razón para temer."

—¿Cuál es tu enemigo desconocido?

"No creo tener enemigos, pero si debo mencionar algo, pienso que la soledad."

—¿Por eso te casaste tan rápido después de tu primer divorcio?

"Quizá…quizá, aunque en este caso tuve la fortuna de encontrar muy rápido a una mujer maravillosa: Maritere."

—¿Qué pasó en tu anterior matrimonio?

"Bueno, el matrimonio es una caja de sorpresas. Uno es optimista, pero nadie podrá garantizarte jamás que funcionará. En el caso mío, simplemente no funcionó. Bueno…a veces las cosas deben terminar para iniciar algo mejor."

—¿Qué significa "Secada", el álbum que estás presentando en este momento?

"Es como una especie de retorno a mi primera época como cantante. Cuando lo estaba haciendo, me parecía que el tiempo había retrocedido dos años, aunque en esta ocasión el sonido es más fuerte con un estilo de pop latino mezclado con rock y jazz. Las canciones son de amor, románticas, algunas de vivencias personales y situaciones interesantes."

—¿Quedaste conforme con lo que hiciste en Broadway, en "Grease"?

"Muy conforme, ya que fue una experiencia bonita, increíble, y que debido a otros compromisos adquiridos, no pude extender más tiempo. Pero ahora, junto a Emilio Estefan, estoy buscando temas para producir dos películas antes de diciembre, en las cuales yo seré el protagonista."

4-26 Usa cada una de estas expresiones de la lectura en una oración original.

1. Conceder una tregua
2. Llovizna fastidiosa
3. No se inmutaron en ningún momento
4. Una infinidad de transeúntes
5. Estar pendiente
6. Trabajar como corista

 A comprender

4-27 Marca cada afirmación según sea correcta (**C**) o incorrecta (**I**) de acuerdo al artículo. Corrige la información incorrecta.

1. _____ La periodista no puede entrevistar a Jon Secada porque hay una protesta de trabajadores de una importante cadena de almacenes.
2. _____ La periodista llega en una limosina a la entrevista.
3. _____ Jon está conforme con su carrera.
4. _____ Sus padres todavía trabajan vendiendo gaseosas.
5. _____ Jon es muy religioso.
6. _____ El cantante se casó solamente una vez.
7. _____ Emilio Estefan trabajó en "Grease", el musical de Broadway.

 A hablar

4-28 En parejas hablen de lo siguiente.

1. Jon Secada trabajó un tiempo como corista de Gloria Estefan. Describan algún trabajo que hayan tenido en el pasado. Expliquen si les gustó o no y por qué. Usen el pretérito y el imperfecto.
2. Después de leer el artículo describan a Jon Secada con la nueva información que tienen sobre él. Usen sus propias palabras. La descripción debe incluir su nacionalidad, dónde vive, con quién vive, cómo es físicamente, por qué está en Nueva York y cuáles son sus proyectos futuros.

 A escribir

4-29 Imagina que eres un/a periodista de **Quiosco**. Entrevista a tu cantante favorito/a y escribe la entrevista en forma de diálogo. Incluye detalles de su vida y su arte. Usa el pretérito y el imperfecto. Puedes conseguir información sobre cantantes latinos o españoles en la Red. Ve a la página (*www.prenhall.com/ quiosco*) y allí encontrarás algunas direcciones.

A divertirnos: *Tira cómica*

ver: observar

ahogarse: morirse bajo el agua

robar: quitarle algo a alguien

socorrer: ayudar

pedir ayuda: solicitar la colaboración de otra persona

tirarse: lanzarse al agua

salir corriendo: abandonar un lugar rápidamente

4-30 Contesta las preguntas según la tira cómica usando el pretérito y el imperfecto.

1. ¿Qué te pareció este dibujo?

2. ¿Te parece que es un poco cruel? ¿Por qué?

3. Comenta con la clase una experiencia extraordinaria, ya sea por su carácter cómico o dramático, que te haya ocurrido en el pasado.

4. Observa esta tira cómica y describe los sucesos en secuencia. Usa el pretérito y mira el vocabulario antes de completar el ejercicio. Luego, termina la historia, ¿qué pasó después del robo? Incluye detalles.

 A escuchar

4-31 Escucha lo que Alejandro Fernández (cantante mexicano, hijo de Vicente Fernández) cuenta sobre su pasado y completa los espacios en blanco en el párrafo que sigue:

Mi padre _____ quien me estimuló a aparecer en un escenario. Lo _____ por primera vez en 1974 y _____ "La muerte del gallero." _____ lindo tener un padre famoso porque _____ que la gente _____ tanto a mi padre, y también a sus hijos y a su familia. Mientras mi padre ____ _____ de gira _____ _____ con mi madre, un ama de casa, y dos hermanos mayores. A los dieciocho años _____ mi primera canción, un dúo con mi padre titulado "Amor de los dos". En 1994 _____ mi cuarto álbum y, a pesar de la oposición de mi padre, _____ la gira por mi cuenta. El público _____ que mi padre _____ equivocado. Yo _____ salas completas de conciertos tanto en México como en los Estados Unidos.

This section should be used to reinforce the grammar that appears in the articles which you have just read. You may use it to clarify points that are not clear, to review the grammar, or simply for more practice.

The Preterite

1. The preterite is used to recount events or actions that have taken place in the past and have been completed. We know there has been a clear beginning and ending. We can compare the preterite to a photograph where we can observe each completed action.

> Ayer **comenzó** a llover a las 10:00 de la mañana y **terminó** a las 7:00 de la tarde. **Llovió** todo el día.

2. The preterite describes a series of actions that have taken place in a sequence.

> Ayer **me desperté, me levanté, me lavé** la cara, **me cepillé** los dientes y **bajé** las escaleras para desayunar.

3. Some expressions used with the preterite are:

> **ayer, antes de ayer, anteayer, anoche, una vez, dos veces, el año pasado, la semana pasada, de repente, el otro día**

4. The preterite can describe mental or emotional reactions that have a clear beginning or ending in the past.

> **Me enojé** con el ladrón.
> **La mujer se sorprendió** del robo.

Regular Verbs in the Preterite.

Some verbs are regular in the preterite.

esperar		comer		vivir	
esperé	esperamos	comí	comimos	viví	vivimos
esperaste	esperasteis	comiste	comisteis	viviste	vivisteis
esperó	esperaron	comió	comieron	vivió	vivieron

Verbs whose infinitives end in -**car**, -**zar**, -**gar** require a spelling change in the first person singular.

c → **qu** before /-e/ or /-i/.
z → **c** before /-e/ or /-i/.
g → **gu** before /-e/ or /-i/.

-**car:**	buscar	bus**qu**é
-**zar:**	alcanzar	alcan**c**é
-**gar:**	pagar	pa**gu**é

The verbs **dar** and **ver** do not require written accents.

dar:	di	diste	dio	dimos	disteis	dieron
ver:	vi	viste	vio	vimos	visteis	vieron

Verbs that end in -**er** and -**ir** and have a vowel which precedes the infinitive ending, also change /-i/ to /-y/ in the third person singular and plural:

oír:	oí	oíste	**oyó**	oímos	oísteis	**oyeron**
caer:	caí	caíste	**cayó**	caímos	caísteis	**cayeron**
leer:	leí	leíste	**leyó**	leímos	leísteis	**leyeron**
construir:	construí	construiste	**construyó**	construimos	construisteis	**construyeron**

Verbs that end in -**ar** and -**er** and have a stem-change in the present tense **do not** require this change in the preterite. However, verbs whose infinitives end in -**ir** and have a stem-change in the present tense, require a stem-change in the third person singular and plural in the preterite: e → i and o → u.

sentir (e-ie):	sintió	sintieron
pedir (e-i):	pidió	pidieron
dormir (o-ue):	durmió	durmieron

The verbs **reír** and **sonreír** require the following changes:

reír:	reí	reíste	rió	reímos	reísteis	rieron
sonreir:	sonreí	sonreíste	sonrió	sonreímos	sonreísteis	sonrieron

Irregular verbs in the preterite

dar:	di	diste	dio	dimos	disteis	dieron
ir:	fui	fuiste	fue	fuimos	fuisteis	fueron
ser:	fui	fuiste	fue	fuimos	fuisteis	fueron
hacer:	hice	hiciste	**hizo**	hicimos	hicisteis	hicieron

querer:	quis-	
caber:	cup-	
saber:	sup-	
poder:	pud-	e
poner:	pus-	iste
venir:	vin-	o
haber:	hub-	imos
tener:	tuv-	isteis
andar:	anduv-	ieron
estar:	estuv-	

If there is a /-j/ in the stem of a verb, the /-i/ in the third person singular and plural endings is omitted.

decir:	dij-	⎫	e
traer:	traj-	⎪	iste
conducir:	conduj-	⎬	o
producir:	produj-	⎪	imos
traducir:	traduj-	⎭	isteis
			eron

The Imperfect

We can compare the imperfect to a background scene in a movie. The background scenery is continuous, even though the action may change in front of it. The imperfect does not make reference to time in the sense of beginnings or endings, but rather simply states that something was going on in the past.

Use the imperfect:

1. to describe habitual, customary or repeated actions in the past.

   De niño, Jon Secada **comía** en la casa de su abuela cada domingo por la tarde.

2. to describe things in the past.

   Era de noche y la luna **brillaba** maravillosamente.

3. to tell time and dates with the verb **ser** in the past.

   Eran las dos de la tarde y **era** el 23 de marzo.

4. talk about age in the past.

   Cuando Óscar de la Hoya **tenía** 21 años, era idealista.

5. to describe an action, in progress, interrupted by another action.

   El barco **flotaba** en el océano cuando **comenzó** la tormenta.

6. with indirect discourse.

   Él dijo que Jon **necesitaba** comprarles un negocio a sus padres.

Regular Verbs in the Imperfect

esperar		comer		vivir	
esperaba	esperábamos	comía	comíamos	vivía	vivíamos
esperabas	esperabais	comías	comíais	vivías	vivíais
esperaba	esperaban	comía	comían	vivía	vivían

Irregular Verbs in the Imperfect

ir		ser		ver	
iba	íbamos	era	éramos	veía	veíamos
ibas	ibais	eras	erais	veías	veíais
iba	iban	era	eran	veía	veían

Contrast Between Preterite and Imperfect

When talking about the past, the preterite or the imperfect are used. The preterite describes beginnings, endings, and events that took place in a sequence, or events that happened only once. The imperfect describes repeated, habitual, or customary past actions and establishes background information.

> **Hacía** frío y **llovía** cuando mi prima, Marta, **llegó** a la estancia.
> En ese entonces ella **tenía** diez años y yo dos más que ella.
> Generalmente la **pasábamos** bien juntas, excepto ese día cuando **ocurrió**
>   algo curioso.

In the first sentence, **Hacía** and **llovía** establish the scene while **llegó** describes a complete action. In the second sentence, **tenía** expresses age in the past. In the last sentence, **pasábamos** is an habitual action and **ocurrió** is a complete action that interrupted another action in the past.

Special Uses of the Preterite

Certain verbs change meaning when used in the preterite or the imperfect.

- conocer:

    > **Conocí** a Jon Secada por primera vez en la Argentina.
    > I _met_ Jon Secada for the first time in Argentina.

    > **Conocía** a su esposa desde niño.
    > He _knew_ his wife since childhood.

- saber:

    > Al llegar a casa anoche, **supe** la noticia de su muerte.
    > Upon arriving home last night, I _found out_ the news about his death.

    > **Sabía** que las elecciones habían terminado.
    > He _knew_ that the elections had ended.

- querer:

    > **Quise** terminar el trabajo pero no hubo tiempo.
    > I _tried_ to finish the work but there wasn't time.

    > **Quería** terminar el trabajo pero no me sentía bien.
    > I _wanted_ to finish the work but I didn't feel well.

- no querer:

    > **No quise** votar por el candidato conservador.
    > I _refused_ to vote for the conservative candidate.

    > **No quería** votar por el candidato conservador.
    > I _didn't want_ to vote for the conservative candidate.

- poder:

  > **Pudimos** arreglar la computadora.
  > We _managed_ to fix the computer.

  > **Podíamos** arreglar la computadora.
  > We _could (had the capacity to but didn't try)_ fix the computer.

- tener:

  > Ayer **tuve** noticias de mi buen amigo.
  > _Yesterday I got news from my good friend._

  > A menudo **tenía** buenas noticias de mi buen amigo.
  > _I often got good news from my good friend._

 ## Práctica de gramática y vocabulario

4-32 Escribe cinco eventos que ocurrieron en la carrera artística de Jon Secada usando el pretérito.

4-33 Escoge 10 verbos del artículo sobre Jon Secada y explica por qué se usó el pretérito o el imperfecto como tiempo verbal.

4-34 Usa el pretérito y el imperfecto para resumir el artículo de Óscar de la Hoya. Usa tus propias palabras.

4-35 Elige el tiempo verbal correcto de los verbos en paréntesis:

Un día, Julia Child le 1. _____ (permitir) a su ayudante viajar a Panamá en busca de una nueva asistente. A ella le 2. _____(gustar) la idea porque 3. _____ (tener) muchísimo trabajo desde que se 4. _____ (haber) ido la otra persona que la 5. _____(ayudar). Julia 6. _____ (querer) empezar a preparar recetas típicas de ese país y no 7. _____ (conocer) a nadie que pudiera ayudarla.

La ayudante 8. _____ (viajar) a la ciudad de Panamá, 9. _____ (entrar) en un restaurante y le 10. _____ (preguntar) a un mozo si no 11. _____ (conocer) a alguien que quisiera regresar con ella a los Estados Unidos. El mozo le 12. _____ (decir) que él 13. _____(saber) de un cocinero muy bueno. Él le 14. _____ (dar) su dirección. La ayudante 15. _____ (ir) a la dirección que el mozo le 16. _____ (dar) y allí 17. _____ (encontrar) a Pedro Rivera. Pedro 18. _____ (aceptar) la invitación, 19. _____(preparar) las valijas y 20. _____ (partir) con la ayudante a la mañana siguiente para el aeropuerto de Panamá rumbo a los Estados Unidos. Cuando Julia 21. _____ (ver) a Pedro lo 22. _____ (poner) a trabajar inmediatamente y él ni siquiera tuvo tiempo de desempaquetar las valijas. Esto no le 23. _____(importar) a Pedro porque 24. _____(estar) muy contento de trabajar al lado de una persona tan famosa como Julia.

4-36 Termina las frases de forma original con un verbo en el pretérito o el imperfecto.

1. De pronto oí un ruido y...
2. Cocinaba en la cocina cuando...
3. Hablaba por teléfono mientras...
4. Llegué a casa tarde y...
5. Todos los veranos...
6. Cuando era niño/a...
7. Una noche cuando tenía 16 años...
8. Todo el día de ayer...
9. Una vez en la escuela primaria...
10. Tan pronto como supe la verdad...

4-37 Escribe oraciones originales usando los verbos **saber, querer, no querer, poder** y **tener** en pretérito y contrástalos con el imperfecto. Muestra la diferencia de significado entre los dos tiempos.

4-38 Escribe un párrafo que describa un incidente vergonzoso o cómico que te ocurrió cuando eras niño/a o adolescente. Usa el pretérito y el imperfecto.

4-39 En parejas imaginen que son viejos, reflexionen sobre los eventos más sobresalientes de su vida. Incluyan datos personales y profesionales. Usen el pretérito y el imperfecto.

4-40 Extrae los verbos del artículo de este capítulo que más te interesó y explica por qué se usó el pretérito o el imperfecto.

p. 120

p. 123

p. 127

Exploraciones

CAPÍTULO

5

VOCABULARIO

Lo último en automóviles
La conquista de otros planetas
El planeta y sus problemas
Religiones
Una estación en Marte
La medicina futura

GRAMÁTICA

El futuro
Usos del futuro
Los preposiciones **por** y **para**
Las oraciones con **si**

DESTREZAS

Cómo hablar del futuro
Cómo hacer predicciones y conjeturas sobre el futuro

A comenzar

5-1   Ve a la Red (*www.prenhall.com/quiosco*), consulta la sección de la NASA y contesta las siguientes preguntas según lo que averigües. Después compara tus respuestas con las de un/a compañero/a de clase. ¿Hay semejanzas o diferencias en la información que encontraron?

1. ¿Qué tipo de información se puede encontrar en esta página? Descríbela.
2. ¿Qué te llamó más la atención?
3. Menciona algunos de los proyectos que NASA está desarrollando o desarrollará en el futuro.

 ## A mirar: Súbete a un WCJ

Súbete a un WCJ.

Cuando te subas a un WCJ creerás estar en las estrellas. Todo lo verás más alto.

Al conducirlo sentirás que estás pilotando un avión ya que WCJ tiene el mismo sistema en ingeniería automovilística y en tecnología que las turbinas de aviación.

La potencia y la suavidad de los motores de WCJ son iguales a las de las turbinas de aviación. La tranquilidad que te proporciona nuestro sistema de seguridad y su comodidad interior tienen mucho en común con la aviación.

La diferencia es que aquí, tú eres el piloto. Súbete a un WCJ. Despega y vuela alto.

No importa cuáles sean tus gustos o necesidades, tenemos el modelo que estás buscando.

Modelo	Precio de venta al público $US (IVA incluido)
WCJ 313tds compact	42.000
WCJ 317ti/5 compact	45.000
WCJ 323i/4	59.000
WCJ 777 C	78.000
WCJ 824 B	126.000
WCJ 999	199.000

WCJ: Tus amigos también querrán tenerlo.

Representante e importador exclusivo para España.
Paseo de la Castellana /Madrid
Teléfono: 91 268 25 63

5-2 Contesta las siguientes preguntas según el aviso y después describe tu coche ideal.

1. Según el aviso, cuando abordes un WCJ ¿Cómo te sentirás?
2. ¿Cuál es la base de la tecnología automovilística de WCJ?
3. ¿Qué motores utiliza WCJ?
4. ¿Qué tienen en común un WCJ y un avión?
5. ¿Por qué debe uno conducir un WCJ?
6. ¿Qué le ofrece al cliente WCJ para que éste pueda comprarse uno?
7. ¿Cuánto cuesta el coche más caro de WCJ? ¿Y el más económico?
8. ¿Dónde se venden los WCJ en Madrid?

El almanaque del futuro

 ## A pensar

5-3 Contesta estas preguntas en clase.

1. ¿Cuál es el papel de la NASA en la exploración espacial?
2. ¿Sabes quién era Carl Sagan y qué hacía?
3. ¿Te gustaría viajar en una nave espacial algún día? ¿A dónde? ¿Por qué?

RECUERDA

Los planetas conocidos en nuestro sistema solar son:

- Mercurio
- Venus
- Tierra
- Marte
- Júpiter
- Saturno
- Urano
- Neptuno
- Plutón

 ## A aprender y aplicar el vocabulario

el alcance: *within reach*

costoso: caro

los peñascos: las sierras, las montañas pequeñas

el primer homínido: el primer ser humano

la redondez: la forma circular
se hicieran a la vela: navegaran
más allá: el cielo, más lejos
gravitatorio: relacionado con la gravedad, *gravity*
girar: dar vueltas
aunar: juntar
la estirpe: la raza

El almanaque del futuro

Los últimos dibujos de Pat Rawlings, ilustrador oficial de la NASA, constituyen un espectacular anticipo de la conquista espacial por venir.

Con estas fascinantes ilustraciones, preparadas por Rawlings para un calendario de la NASA, el artista plástico norteamericano pone al alcance de la gente los pasos que en fechas próximas habrá de dar el hombre en su proyecto de explorar nuestra galaxia.

En los costosos avances de la humanidad hacia la conquista de la naturaleza, la imaginación precede a la realidad. Así ha sido siempre, y siempre será. "¿Qué habrá detrás de esos peñascos?" tiene que haberse preguntado el primer homínido que se lanzó al descubrimiento del planeta. Del mismo modo, los seres humanos concibieron la redondez de la Tierra mucho antes de que Colón y sus seguidores —Magallanes, Elcano— se hicieran a la vela para circundar el globo. Hoy, los investigadores que trabajan en la conquista espacial tienen una idea mucho más aproximada —en parte rigurosa deducción científica; en parte, como siempre, tambien atrevida imaginación— sobre la realidad que encontrarán más allá del campo gravitatorio de nuestro planeta. Carl Sagan fue el ideólogo más representativo de la nueva estirpe de conquistadores. Pero hay que mencionar también la participación de técnicos aparentemente más modestos: los ilustradores que traducen en imágenes visibles las ideas concebidas por los científicos. Pat Rawlings es el más brillante de ellos.

5-4   Utiliza un sinónimo o definición del vocabulario para la(s) palabra(s) subrayada(s) y haz los cambios necesarios de género y número.

1. Estos avances son muy <u>caros</u>.
2. Hay regiones en los planetas que tienen <u>sierras</u>.
3. <u>El primer hombre</u> no sabía que la Tierra tenía <u>una forma circular</u>.
4. Los hombres explorarán el <u>cielo</u> para saber qué existe fuera del campo <u>de la gravedad.</u>

5-5   Usa cada palabra en una frase original que tenga sentido.

1. la estirpe
2. girar
3. más allá
4. aunar

5-6   Familia de palabras: Usa cada palabra a continuación en una frase correcta.

el costo: _____

costoso: _____

costosamente: _____

costar (ue): _____

 ## A comprender

5-7   Contesta las preguntas según la lectura.

1. ¿Quiénes son Carl Sagan y Pat Rawlings?
2. ¿Qué tienen ellos en común?
3. ¿Por qué quieren saber los hombres qué existirá en el espacio?
4. ¿Cuál es el papel de los ilustradores técnicos en el campo científico?

 ## A hablar

5-8   Eres la primera persona que va a hacer una entrevista con unos astronautas para el programa de Cristina. En parejas, desempeñen los papeles de periodista y astronauta hispano/a. La persona que hace de periodista debe preguntarle a la que hace de astronauta sobre sus misiones. ¿Cuáles son los objetivos, las expectativas, sus propias aspiraciones, esperanzas, etc.?

EJEMPLO: PERIODISTA: *Gracias por venir al programa de Cristina.*
           ASTRONAUTA: *De nada, me alegro de poder hablar de mis experiencias.*
           PERIODISTA: *Dígame, ¿cuándo comenzó su interés por el espacio?...*

A escribir

5-9   Eres reportero/a para el periódico *El País*. Escribe un artículo en el cual tú expresas una opinión negativa sobre la NASA. Tú crees que los últimos fracasos en la conquista del espacio no sirven más que para malgastar el dinero de los contribuyentes (*tax payers*). Explica en qué programas debería invertir ese dinero el gobierno (por ejemplo, en ayuda) a los desamparados, en educación, en investigación sobre el SIDA, etc.) Puedes agregar otros si quieres.

Ecología y futuro, combinación explosiva

A pensar

5-10 En parejas, respondan las siguientes preguntas.

1. ¿Están interesados en la ecología? ¿Por qué?
2. ¿En su universidad hay un programa de reciclaje?
3. ¿Lo siguen o no?
4. ¿Creen que hay un interés entre la gente joven en promover los programas ecológicos? ¿Por qué?

A aprender y aplicar el vocabulario

remite: lleva, envía
prever: anticipar, adelantarse
ambientales: relacionado con los elementos naturales que nos rodean
nos empujan: nos llevan a hacer
carecen: no tienen
de primera: mejor aire, aire puro
de segunda: peor aire, aire sucio
ha sido asentada encima: ha sido construída sobre
los residuos: la basura, los desechos
la napa subterránea: río de agua bajo la tierra
los indicios: las claves, las señales, indicaciones
respirable: que se puede respirar (*breath*)
sano: con buena salud
tendencia a la comercialización: hacer negocios
agravarse: empeorarse, ponerse peor
ni siquiera: *not even*
empeoramiento: ponerse peor la situación, deterioro

Ecología y futuro, combinación explosiva

Hablar de ecología y futuro nos remite a dos miradas que se complementan. Una es pensar cuál es la tendencia de los hechos: qué va a pasar si todo sigue como hasta ahora.

La otra es prever de qué manera los actuales conflictos ambientales nos empujan a cambios en nuestra situación.

La primera mirada es bastante clara: en una sociedad que se fragmenta cada día más entre los que tienen demasiado y los que carecen de todo, es inevitable que ocurra lo mismo con las condiciones ecológicas. Hay entre nosotros gente que respira aire de primera y gente que respira aire de segunda. Gente que vive en barrios con parques privados y otra que ha sido asentada encima de residuos tóxicos. Personas que reciben por las redes agua corriente aún confiable y otras que sólo tienen acceso a una napa subterránea contaminada.

Este panorama social nos proporciona algunos indicios sobre lo que podemos esperar para los próximos años:

■ El mundo del futuro será un mundo definitivamente urbano. La población mundial crece, pero no de un modo explosivo, en el tercer mundo. En el primero, hay cada vez menos nacimientos.

■ Habrá una importante migración internacional, de los países empobrecidos del sur hacia las ciudades cada vez más vacías del norte.

■ Tanto en las ciudades del norte como en las del sur, el aire será cada vez menos respirable.

■ La disponibilidad de agua potable llegará a ser un problema crítico.

■ No hay razones para esperar una escasez material de alimentos a nivel mundial. Sin embargo el hambre va en aumento.

■ Es improbable que un mundo que mantiene a dos millones de personas en condiciones de pobreza se ocupe de salvar a especies distintas de la nuestra.

■ Nunca como en los próximos años, la diferencia entre un ambiente sano y uno enfermo se deberá a razones sociales.

■ Los próximos años serán, entonces, un espacio de lucha entre la tendencia a la comercialización de la naturaleza y los esfuerzos por crear un ambiente en el que puedan vivir los seres humanos.

En tanto esta situación tienda a agravarse, suponemos que en el futuro los conflictos sociales vinculados con la calidad del medio ambiente se harán visibles. Esto no depende totalmente del gobierno que exista en cada momento, ni de los funcionarios que ocupen ciertos cargos, y ni siquiera tiene mucho que ver con el mayor o menor grado de conciencia social que tengan los empresarios que hoy contaminan. Depende de una evolución que los incluye a todos y que va más allá de ellos mismos. El avance de la conciencia pública sobre los temas ambientales va junto con el empeoramiento de la situación ecológica de amplios sectores de la población. Esta combinación es necesariamente explosiva.

5-11 Completa cada oración con una palabra del vocabulario.

1. El diccionario nos _____ a la definición de las palabras.
2. Hay que _____ los problemas con anticipación.
3. Habrá muchos problemas _____ en el futuro a causa de la contaminación.
4. Todavía la Tierra no _____ de recursos.
5. La gente rica respira aire _____ _____ y la gente pobre respira aire _____ _____.
6. Muchas reservas indígenas han sido construidas sobre _____ tóxicos.
7. Uno de los _____ es que muchos niños y adultos que viven en las reservaciones tienen cáncer.
8. El problema ecológico se _____ cada día más y más.

A comprender

5-12 Marca cada frase cierto (C) o falso (F) según la lectura.

1. _____ La población mundial crecerá hasta niveles inusitados.
2. _____ Habrá una migración internacional masiva.
3. _____ El aire estará más limpio.
4. _____ El agua potable escaseará.
5. _____ Las razones sociales influirán en el hecho de tener un ambiente sano o no.
6. _____ La tecnología para descontaminar será cada vez más cara.
7. _____ La situación ambiental tiende a ponerse peor.

Notas culturales

En general, en Latinoamérica (excepto en Costa Rica y algunas zonas de Nicaragua) no existe una campaña masiva para hacer a la población consciente de la necesidad de cuidar el medio ambiente. El concepto de reciclaje es casi nulo y la destrucción masiva de zonas selváticas para reemplazarlas con ganado es cosa de todos los días. Las cosas están cambiando pero a un ritmo muy lento y los daños ya causados son irreparables.

A hablar

5-13 Escribe las preguntas que se han hecho a Elio Brailovsky, un famoso ecologista argentino, para obtener las siguientes respuestas. Cada respuesta puede tener más de una pregunta correcta. Compáralas con otro/a compañero/a. Después, en parejas, practiquen la entrevista.

ESTUDIANTE: ¿ _____?

ELIO BRAILOVSKY: Sí, el futuro es extremadamente negativo. Tenemos que actuar ya.

ESTUDIANTE: ¿ _____?

ELIO: Estudié en la Universidad de Buenos Aires, siempre me interesó la ecología.

ESTUDIANTE: ¿ _____?

ELIO: El problema no es sólo grave en la Argentina, sino en todo el mundo.

ESTUDIANTE: ¿ _____?

ELIO: Hay que construir más zonas verdes; hay que limpiar el agua y las villas miserias (*shanty towns*).

ESTUDIANTE: ¿ _____?

ELIO: Deseo que la gente comience a ser más consciente, que cuide el ambiente, porque no hay otro planeta en el que podamos vivir.

ESTUDIANTE: _____.

ELIO: Muchas gracias a ustedes por hacerme la entrevista.

 A escribir

5-14 Las predicciones de todos los ecologistas son bastante negativas porque estamos destruyendo poco a poco nuestro medio ambiente. Escribe en un párrafo las cosas que puedes hacer hoy para no dañarlo más. Luego prepara un cartel para poner en los pasillos de los dormitorios de los estudiantes e incluye sugerencias para que los otros estudiantes las sigan y cuiden mejor del medio ambiente.

¿En qué Dios creeremos?

 A pensar

5-15 Contesta las siguientes preguntas con frases completas.

1. ¿Crees que en el futuro habrá más religiones que ahora? ¿Por qué?
2. ¿Piensas que habrá grandes crisis que tengan que ver con lo religioso?
3. ¿Notas algún cambio en la conducta religiosa de tus amigos o de los jóvenes en general?

A aprender y aplicar el vocabulario

el sentimiento: la emoción

desmoronará: destruirá, destrozará

venidero: próximo, en el futuro

la adhesión: la unión

cualitativas: de calidad

O.N.U: Organización de las Naciones Unidas

la base de datos: documentos que contienen información

absorberán: atraerán

los creyentes: la gente que cree en algo o alguien

el nuevo cuño: la nueva marca

aportación: contribución, lo que cada uno pone

el decálogo: los diez mandamientos que Dios le dio a Moisés, diez reglas

tribales: perteneciente a una tribu: relacionado con agrupaciones de personas en que algunos pueblos antiguos estaban divididos.

alcanzado: llegado

milenario: del milenio

sincretismo: sistema filosófico que trata de conciliar doctrinas diferentes

diluyéndose: disolviéndose, desapareciendo

RECUERDA

Existe una diferencia entre **pedir**: *(to ask for a thing)* y **preguntar** *(to ask a question)*.

EJEMPLO: ***Pido** un café pero **pregunto** si hay café con leche.*

¿En qué dios creeremos?

La gran pregunta que se hacen todos los analistas es ésta ¿el sentimiento religioso aumentará o se desmoronará en el siglo venidero? Y para buscar la respuesta se basan en dos fuentes de información: las estadísticas sobre adhesión a diferentes religiones y las tendencias cualitativas actuales de las religiones existentes.

En cuanto al primer punto, contamos con suficientes estudios, como la Base de Datos Demográficos de la ONU o la *World Evangelization Database*, para imaginar una evolución realista. Según estos estudios, hasta el año 2025 se experimentará un ligero aumento del cristianismo y el islamismo, que absorberán al 35.5 y al 20 por cien de los creyentes respectivamente. El porcentaje de ateos se reducirá del 4.3 por cien en 1990 al 2.8 por cien dentro de 30 años. Otras religiones de nuevo cuño, como la Baha'i, experimentarán un casi imperceptible aumento, mientras que el judaísmo mantendrá su aportación de almas actuales (0.3 por cien del total).

En cuanto a las grandes tendencias cualitativas, los analistas parecen coincidir en un decálogo de ideas a tener en cuenta para comprender la religiosidad que se avecina antes del año 2025:

1. Persistirá la persecución por motivos religiosos en países como Sudán, Argelia, India o Irán.

2. Aumentará el atractivo del fundamentalismo.

3. El islamismo será la religión de mayor crecimiento en 25 años.

4. La mayoría de los cristianos pertenecerá, por primera vez en la historia, a razas no blancas.

5. Crecerá el cristianismo pentecostal.

6. Decaerá la adhesión a religiones tribales.

7. Se confirmará si el ateísmo ha alcanzado su punto máximo.

8. Aumentará la diversidad religiosa en los países occidentales.

9. Se incrementará el número de mujeres dedicadas a misiones pastorales.

10. Conforme con el avance en la próxima década, las propuestas milenarias y los sincretismos de la nueva era irán diluyéndose.

5-16 Completa los siguientes espacios en blanco con palabras del vocabulario:

1. El año _____ celebraremos la Navidad en casa de mis tíos.
2. Los _____ del futuro dicen que habrá menos ateos.
3. La sociedad _____ rápidamente los cambios.
4. El _____ general es no perseguir a las personas por razones religiosas.
5. No soy _____, soy atea.
6. Los analistas usan las _____ _____ _____ para hacer sus predicciones.
7. Las reglas están resumidas en un _____ de ideas.

A comprender

5-17 Contesta las siguientes preguntas sobre el artículo.

1. ¿Qué preguntas se hacen los analistas?
2. ¿Dónde buscan la información?
3. ¿Qué aumentará de ahora hasta 2025?
4. ¿Cuál es la religión que mantendrá el mismo número de fieles?
5. ¿Cuál será la religión con mayor crecimiento?
6. ¿De qué raza serán los cristianos en su mayoría?
7. ¿Qué ocurrirá con el ateísmo en los próximos años?
8. ¿Qué papel tendrán las mujeres en los próximos años?

A hablar

5-18 Primero, piensa en cosas que pueden llegar a ocurrir en el año 2025 en el aspecto social, científico, económico, tecnológico y personal. Haz una lista y luego compárala con otro/a estudiante.

EJEMPLO: E1: Yo pienso que en el año 2025 habrá muchos problemas económicos.
          ¿Y tú, qué opinas?
       E2:   …

Tu lista	La lista de tu compañero/a
_____	_____
_____	_____
_____	_____
_____	_____

A escribir

5-19 Lee cada oración del decálogo y explica si estás de acuerdo o no con esta predicción y por qué. Escribe un párrafo en el que des tu opinión al respecto. ¿Crees que es interesante la predicción o crees que no tendrá mayor impacto en tu futuro?

¿Quién se hará rico con Marte, el planeta rojo?

A pensar

5-20 Contesta las siguientes preguntas con frases completas.

1. ¿Te interesa todo lo que tenga que ver con el espacio? ¿Por qué?
2. ¿Has visitado la NASA o has estado presente cuando lanzaron algún cohete al espacio?
3. ¿Qué te pareció?

A aprender y aplicar el vocabulario

altura: elevación

diámetro: ancho

las capas: los estratos

parecido: similar

el corcho: el material que se usa, por ejemplo, para cerrar las botellas de vino

aislante: que protege de los diferentes elementos

la plancha: la superficie, la lámina

antiimpacto: contra golpes, para protección

la cobertura: lo que cubre o tapa un objeto

los trajes ligeros: las ropas finas para poder trabajar con facilidad

los invernaderos: el lugar donde se guardan plantas con el fin de protegerlas contra la intemperie

llevar a cabo: completar, construir, terminar

¿Quién se hará rico con Marte, el planeta rojo?

En el primer cuarto de siglo el ser humano habrá puesto el pie en Marte. ¿Pero servirá para algo? Aquí presentamos un modelo de cómo será la estación que la NASA piensa construir.

1. La zona habitable tendrá 7 metros de altura por 8 de diámetro. La temperatura interior será de 20 grados.

2. Las paredes constarán de cuatro capas; una interior de *cobitherm*, material parecido al corcho blanco que sirve de aislante; una red de *kevlar* para soportar la presión del aire interno; una plancha de aluminio resistente a los golpes y una cobertura de *beta cloth*, manta térmica de aspecto brillante.

3. En el futuro se enviarán animales.

4. Se usarán paneles solares para generar energía.

5. Se construirán depósitos de combustible para los vehículos de transporte de vuelta a la tierra. El combustible se extraerá del suelo.

6. Los astronautas llevarán trajes ligeros para soportar temperaturas entre 0 y 132 grados centígrados.

7. Se construirán invernaderos para la producción de alimentos.

8. La NASA dice que se necesitarán 40.000 millones de dólares para llevar a cabo este proyecto.

9. Mucho dinero procederá de los derechos de televisión.

10. También existen proyectos turísticos, pero esto no será posible hasta más allá del año 2050.

5-21 Sopa de palabras. En parejas traten de descifrar estas palabras en negrita tomadas del vocabulario. El artículo no está incluído, sólo el sustantivo. Ojo, el número 7 tiene dos palabras.

1. **etislaan:**   _ _ _ _ _ _ _ _ _
2. **utcobraer:**   _ _ _ _ _ _ _ _ _ _
3. **aapcs:**   _ _ _ _ _ _
4. **emrtoaeíd:**   _ _ _ _ _ _ _ _ _
5. **odicerap:**   _ _ _ _ _ _ _ _ _
6. **crocoh:**   _ _ _ _ _ _ _
7. **tlriagjeesros:** _ _ _ _ _ _   _ _ _ _ _ _ _ _

A comprender

5-22 Contesta las siguientes preguntas sobre la lectura y después compara tus respuestas con las de un/a compañero/a de clase.

1. ¿Qué es un modelo?
2. ¿Cuántas capas tendrán las paredes de la estación marciana?
3. ¿Cómo se generará energía en Marte?
4. ¿De dónde se extraerá el combustible?
5. ¿Cuál es la temperatura máxima en Marte?
6. ¿Dónde crecerán las plantas que van a alimentar a los astronautas?
7. ¿De dónde se sacará dinero para mantener la estación en Marte?

A hablar

5-23 Ve a la Red y busca más información sobre los proyectos futuros que planea la NASA. Prepara una presentación oral corta en la cual describas un proyecto en especial. Prepara preguntas para que otros miembros de la clase las respondan al final de tu presentación. Tu profesor/a puede asignar puntos extras a los estudiantes que las contesten correctamente.

A escribir

5-24 En parejas, preparen un folleto turístico para convencer a la gente de que visite Marte. Expliquen cómo llegarán a Marte, dónde se hospedarán, qué comerán, cuántos días en total durará el viaje, etc. Incluyan el precio aproximado del viaje y todos los detalles que ustedes consideren necesarios. Pueden hacer una presentación usando el programa *Power Point*.

Medicina: predicciones futuras

A pensar

5-25 Discute las siguientes preguntas con la clase.

1. ¿Cuáles te parecen que serán los avances científicos más notables del futuro?
2. ¿Crees que en el futuro se podrán transplantar todas las partes del cuerpo? ¿Por qué?
3. ¿Crees que se encontrará una vacuna contra el SIDA? ¿Por qué?

A aprender y aplicar el vocabulario

el ensayo: la prueba
el implante: el reemplazo de un órgano natural por otro artificial
las legislaciones: las regulaciones, las leyes
la retina: una parte del ojo
la vista: uno de los cinco sentidos junto con el olfato, el tacto, el gusto y el oído
los melanomas: tipo de cáncer de la piel
grabar: registrar en una cinta, en un disquete

Medicina:
predicciones futuras

Presentamos una cronología de los posibles avances científicos que ocurrirán en un futuro cercano hasta el año 2029.

En 2001 se presentarán los resultados del primer ensayo de implante de corazón totalmente artificial.

En 2003 se publicarán las primeras legislaciones nacionales para proteger a los ciudadanos de posible discriminación genética.

En 2010 aparecerán en el mercado las primeras prótesis electrónicas de retina que permitirán devolver la vista a miles de personas.

En 2020 el 95 por ciento del cuerpo podrá ser sustituido por órganos artificiales.

En 2024 el peso medio de un ciudadano estadounidense será de 77 kilos en los hombres (en 1999 era de 67) y el de las mujeres 66 (en 1999 era de 56.)

En 2026 aumentará el número de personas afectadas por melanomas, cáncer de piel.

En 2028 se extenderán las tarjetas genéticas para uso médico; éstas son tarjetas en las que se grabará la información genética del paciente.

En 2029 se creará la primera vacuna universal contra el resfriado común.

5-26 Llena los espacios en blanco con la forma correcta de una palabra de la lista del vocabulario.

Ayer por la tarde fui al médico porque tengo un (1) _____ en la piel. El

doctor aprovechó y me hizo una revisión general. Me revisó la (2) _____

porque no puedo ver bien tampoco. La (3) _____ de mi ojo derecho está

un poco inflamada. Luego el doctor se concentró en mi melanoma y decidió

hacer un (4) _____ de piel y así reemplazar la parte que está enferma.

Me dijo que en el futuro no debo tomar el sol y sí usar bloqueador (protector)

solar, y someterme a una revisión completa cada seis meses.

 ## A comprender

5-27 Contesta las siguientes preguntas, según la lectura que acabas de leer.

1. ¿En qué año se hará el primer implante de corazón artificial?
2. ¿Qué ocurrirá en el año 2010?
3. ¿Qué es la discriminación genética? Explica con ejemplos.
4. ¿Cuál es el porcentaje del cuerpo humano que podrá ser reemplazado en el futuro?
5. ¿Para qué servirán las tarjetas genéticas?

 ## A hablar

5-28 En parejas, hablen sobre las predicciones que se hacen en este artículo y opinen si son acertadas o no. ¿Pueden hacer otras predicciones en cuanto a la medicina del futuro? Compártanlas luego con el resto de la clase y observen si otras personas han repetido la misma información.

 ## A escribir

5-29 Tú eres investigador/a y estás escribiendo un ensayo para presentar en las próximas jornadas "Medicina del futuro". Poniendo como límite el año 2030 predice cómo cambiará el campo de la medicina en general. Escribe un párrafo de unas 150 palabras más o menos y compártelo con la clase.

A divertirnos: *Buscapalabras*

5-30 Busca las palabras escondidas en la siguiente tabla. Son 10 en total.

VERTICALES	HORIZONTALES	DIAGONALES
Marte	decálogo	ecólogo
ONU	NASA	por
coche	aire	
	para	
	futuro	

P	A	R	A	R	O	N	M	S	P	M	O
D	E	R	O	R	L	O	A	I	R	E	T
T	U	P	I	R	G	T	R	V	B	P	R
C	S	A	P	O	R	B	T	E	L	A	O
O	F	A	L	M	W	R	E	I	O	M	N
C	Y	O	U	F	U	T	U	R	O	R	U
H	C	I	O	P	N	A	S	A	M	O	P
E	R	I	D	E	C	A	L	O	G	O	E

 ## A escuchar

5-31 Otro éxito de la NASA. Contesta las siguientes preguntas después de haber escuchado la noticia. Lee las preguntas antes de comenzar con esta actividad.

1. ¿Para qué servirá esta nave?

_____

2. ¿Cómo descenderá esta nave espacial?

_____

3. ¿En qué año terminarán las pruebas del prototipo mencionado en la lectura?

_____

Explicación gramatical

This section should be used to reinforce the grammar that appears in the articles which you have just read. You may use it to clarify points that are not clear, to review the grammar, or simply for more practice.

The future tense

In Spanish the future tense is formed by adding the following endings to the infinitives of the verb. The endings are the same for each verb group. Each form has a written accent except for **nosotros/as**. The future tense is used to express an action that will occur in the future, probability in the present time frame, conjecture in the future, and in simple sentences with **si** *(if)*.

		-ar	-er	-ir
(yo)	-é	estudiaré	comeré	viviré
(tú)	-ás	estudiarás	comerás	vivirás
(usted, él / ella)	-á	estudiará	comerá	vivirá
(nosotros / nosotras)	-emos	estudiaremos	comeremos	viviremos
(vosotros / vosotras)	-éis	estudiaréis	comeréis	viviréis
(ustedes, ellos / ellas)	-án	estudiarán	comerán	vivirán

The future endings are added to the irregular verb roots below.

decir:	**dir–**	saber:	**sabr–**
hacer:	**har–**	poner:	**pondr–**
haber:	**habr–**	salir:	**saldr–**
poder:	**podr–**	tener:	**tendr–**
querer:	**querr–**	venir:	**vendr–**

Uses of the Future

1. To express a possible future action.

   La NASA **enviará** hombres a Marte en el año 2010.

2. To express probability in the present time frame.

   ¿Quién **estará** en la puerta?
   ¿Qué hora **será**?

3. To express conjecture.

> ¿Quién **será** el primer astronauta que llegue a Marte?
> ¿Qué tamaño **tendrá** la tarjeta con la información genética?

4. With simple sentences with **si**. The verb in the **si** clause is in the present tense and the verb in the result clause is in the future tense.

Si + present + future

> Si la NASA **tiene** dinero, **enviará** naves espaciales a Marte
> Si la medicina robótica avanza mucho, en el año 2030 se **podrá** reemplazar todo el cuerpo humano.
> Si **continúa** la deforestación del Amazonas, se **perderán** muchos recursos naturales.

The Prepositions **por** and **para**

In English, both of these prepositions mean *for*. In Spanish the two are not interchangeable. In general **por** is used in order to express the following:

- the purpose of an action:

> Fui **por** el libro de geología.
> **Por** razones científicas vamos a Marte.

- in exchange for something:

> Lo compré **por** 200 pesos.

- when referring to a period of time during the day:

> Pensamos estudiar español **por** la tarde, no **por** la mañana.

- in order to express the idea of around, by, through, in, or a place:

> Pasé **por** la NASA y **por** Cabo Cañaveral.

- in order to refer to means of communication or transportation:

> Nos comunicaremos **por** medio de teléfonos celulares.

- in certain expressions:

> **por** último, **por** cierto, **por** aquí, **por** ahora, **por** allá, **por** Dios, **por** lo general, **por** ejemplo, **por** lo visto, **por** poco, **por** supuesto, **por** si acaso, **por** fin, **por** eso.

In general, **para** is used to express:

- the purpose of an object or an action:

> **Para** generar energía se usará combustible.

- when comparing qualities or points of view:

> **Para** la NASA es importante la conquista del espacio.

■ to express a deadline or time limit:

> **Para** 2025 el 100 por ciento del cuerpo humano será reemplazado por órganos artificiales.

■ to express destination:

> Me voy **para** la Luna y luego **para** Marte.

■ to express that one is about to do something (with the verb **estar** + infinitive):

> Estamos **para** salir.

 ## Práctica de gramática y vocabulario

5-32 Escribe la forma futura de los sujetos indicados y luego traduce el verbo futuro al inglés.

él/ella	yo	nosotros	ellos/as	Significado
irá	iré	iremos	irán	*will go*
experimentará				
reducirá				
mantendrá				
persistirá				
aumentará				
pertenecerá				
crecerá				
decaerá				
confirmará				
incrementará				

5-33 Haz una definición de los siguientes aparatos tomados de las lecturas de este capítulo. Después, tu compañero/a tiene que adivinar qué es.

EJEMPLO: E1: *Es un lugar para cultivar plantas en el invierno.*
E2: *Es un invernadero.*

Paneles solares

Trajes ligeros

Vehículo espacial

Astronautas

Depósitos de combustible

5-34 En parejas, hablen de sus opiniones sobre cada uno de los siguientes temas. Comiencen sus oraciones con: **Para mí…**

1. la contaminación ambiental
2. la religiosidad en el futuro
3. el turismo en Marte
4. los programas de reciclaje
5. la destrucción de la selva amazónica
6. los avances en medicina

5-35 Escribe un párrafo analizando cada uno de los puntos de "Medicina: predicciones futuras". ¿Te parece que pueden llegar a ocurrir o te parece que para que ocurran algunos de ellos se necesitará mucho más tiempo? ¿Puedes sugerir otros avances? Usa tu imaginación.

5-36 Después de haber leído todas las lecturas trata de formar por lo menos 10 oraciones en las que uses la probabilidad en el presente. Comienza todas las oraciones con **Si**. Tienes algunos ejemplos en la sección sobre los usos del futuro.

EJEMPLO: *Si la NASA **tiene** dinero, **construirá** más naves espaciales.*

5-37 ¿**Por** o **para**? Llena el espacio en blanco con **por** o **para**.

Es importante (1) _____ el bienestar del planeta que la gente tome conciencia y cuide el ambiente. (2) _____ muchos ecologistas es una batalla que hay que ganar.

(3) _____ la producción de alimentos se construirán invernaderos.

Se construirán depósitos (4) _____ el combustible de los vehículos espaciales.

(5) _____ el año 2025 habrá más diversidad religiosa.

(6) _____ lo general es necesario preparar bien el proyecto.

(7) _____ mí no es importante llevar turismo a Marte.

(8) _____ generar energía se usarán paneles solares.

5-38 Escribe oraciones que comiencen con las siguientes frases. Usa tu imaginación.

Para el/la profesor/a de español…

Para mis amigos…

Para los latinos…

Por lo general…

Por favor…

Por 1.000.000 de dólares…

Por supuesto…

p. 142

p. 142

p. 154

Imagen latina

CAPÍTULO
6

VOCABULARIO

Regalos
Comidas exóticas
Planes para una boda
La Red en España
La osteoporosis

GRAMÁTICA

El condicional simple
El participio pasado
Los tiempos perfectos

DESTREZAS

Cómo hablar de costumbres diferentes
Cómo discutir posibilidades futuras
Cómo hablar de acciones en el pasado cercano

A comenzar

6-1 Visita la Red informática y ve a la página *www.prenhall.com/quiosco* y consulta la revista "Mundogar". Esta revista contiene varios artículos relacionados con la vida diaria y el hogar. Contesta las siguientes preguntas según lo que averigües y después compara tus respuestas con las de un/a compañero/a de clase. ¿Puedes comparar esta revista con alguna publicación similar en los Estados Unidos?

1. ¿En cuántas secciones se divide esta revista?
2. Lee la adivinanza que trae este número y coméntala. ¿Acertaste?
3. Menciona los servicios útiles que provee esta revista.
4. ¿Ofrece la revista algún concurso? Descríbelo.
5. Compara los avisos, la primera página, el tipo de artículos, etc. con una publicación de los Estados Unidos ¿Cuáles son sus similaridades y diferencias?

 ## A mirar: Una *Parker* se reconoce en cada detalle

Una Parker se reconoce en cada detalle

LA PLUMA

TODAVÍA ES

DIVIDIDA A MANO

USANDO UN DISCO

UN POCO MÁS

DELGADO QUE

UN CABELLO

HUMANO.

Se requieren años de experiencia y una mano firme para dividir la pluma de la PARKER DUOFOLD Red Jasper. El disco, de apenas 0.13 milímetros de espesor, debe manejarse con absoluta precisión.

Una vez dividida, cada pluma de oro de 18 quilates, grabada individualmente, es pulida hasta obtener un brillo perfecto.

Todo esto es un proceso que toma varios días para completarse. Pero vistos los resultados, es un tiempo muy bien empleado, ya que al igual que todos nuestros instrumentos de escritura, la PARKER DUOFOLD tiene una garantía de por vida.

6-2   Contesta las siguientes preguntas según el anuncio.

1. ¿Qué se necesita para dividir una pluma?
2. ¿De qué material es la pluma?
3. ¿Cómo se obtiene el brillo?
4. ¿Cuántos días se tarda para completar el proceso de preparación de una pluma?
5. ¿Qué pasa si tú compras esta pluma y se rompe?

RECUERDA

Otros sinónimos de **pluma** son la **lapicera**, la **estilográfica**, la **birome**. Otro significado de **pluma** es cada una de las piezas que recubren la piel de las aves.

¿Qué le regalaría a la competencia?

 A pensar

6-3   En este artículo diferentes celebridades latinas hablan de los regalos que les harían a personas que admiran mucho y que, al mismo tiempo, hacen el mismo tipo de trabajo que ellas; es decir, que son la **competencia**. Con un/a compañero/a de clase, habla de los siguientes temas.

1. ¿Hay alguien con quien compites?
2. ¿Crees que es buena la competencia? ¿Por qué?
3. ¿Has tenido problemas serios por competir con otra persona? ¿Qué pasó?

 A aprender y aplicar el vocabulario

regalaría: daría, entregaría

la Virgen de Guadalupe: la virgen patrona de México

ruso: de Rusia

la cajita: un objeto pequeño, generalmente cuadrado y de cartón, donde se guardan cosas

conciliar: obtener, lograr

¿Qué le regalaría a la **competencia?**

Walter Mercado,
astrólogo del programa
Primer Impacto:

"Sé que a Selegna le gusta
mucho el cristal, así que le
regalaría una bola de cristal."

Raúl de Molina,
presentador del programa
El Gordo y la Flaca:

"A Mauricio Zeilic, no le
regalaría nada en particular,
sólo le deseo lo mejor."

Ana Patricia Candiani,
presentadora del programa
Ocurrió Así:

"Le daría a María Celeste Arrarás
una Virgen de Guadalupe para
que proteja a su familia y al niño
ruso que adoptó."

María Elvira Salazar,
presentadora del programa
Noticiero Telemundo:

"Le regalaría la entrevista
más exclusiva del año, porque
María Elena Salinas es muy
buena profesional."

Ana María Canseco,
presentadora del programa
Despierta América:

"Le regalaría una cajita de té
para conciliar el sueño, porque
Gloria Calzada comenzó a
levantarse muy temprano."

6-4 Reorganiza las palabras mezcladas y escribe la palabra correspondiente de la lista de vocabulario.

ciralicno: _ _ _ _ _ _ _ _ _

usor: _ _ _ _

taijca: _ _ _ _ _ _

aríalerag: _ _ _ _ _ _ _ _ _

genriv: _ _ _ _ _ _

6-5 Escribe una oración con cada palabra del vocabulario en un párrafo que tenga sentido.

A comprender

6-6 Según el artículo anterior, contesta las siguientes preguntas.

1. ¿Quién es Walter Mercado? ¿Cuál es su profesión? ¿Dónde trabaja? ¿Qué le regalaría a su competidora, Selegna, y por qué?
2. ¿Qué le regalaría Raúl de Molina a Mauricio Zeilic?
3. ¿Por qué Ana Patricia Candiani le daría a María Celeste Arrarás una Virgen de Guadalupe?
4. ¿Qué recibiría María Elvira Salazar y por qué?
5. ¿Qué le compraría Ana María Canseco a Gloria Calzada?

Notas culturales

En Latinoamérica, la religión católica es la religión predominante. La historia de los santos y las apariciones de la Virgen forman parte de la cultura diaria de la gente. Por lo general cada país tiene una patrona o patrón, por ejemplo, en México, es la Virgen de Guadalupe. Todo el pueblo la venera y la celebra. Más adelante encontrarás un ejercicio para averiguar más sobre ella.

A hablar

6-7 En parejas, hablen del siguiente tema: si tuvieran mucho dinero, ¿qué le regalarían a la gente con quien compiten frecuentemente en las diferentes áreas de su vida: estudios, deportes, actividades, etc.? Expliquen por qué e incluyan por lo menos a cuatro personas.

A escribir

6-8   Ve a la Red, al sitio *www.prenhall.com/quiosco* y busca información sobre la Virgen de Guadalupe. Escribe un párrafo sobre su historia, su importancia para el pueblo mexicano, cuándo se celebra su día, etc.

Comidas exóticas

A pensar

6-9   Comente las siguientes preguntas con un/a compañero/a de clase.

1. Generalmente, ¿te gusta probar comidas fuera de lo común?
2. Si visitas otros países, ¿tratas de adaptarte a sus costumbres culinarias o terminas en el *McDonald* local?
3. ¿Te atreverías a comer serpientes o carne de canguro?

A aprender y aplicar el vocabulario

el murciélago: mamífero que vuela de noche

estupor: la sorpresa

el manjar: alimento muy rico, muy apreciado

tapa: cubre

mordisquea: mastica, come, prueba

el gusano: animal pequeño de forma prolongada, de simetría bilateral y cuerpo blando, que vive en la tierra

la nuez: *walnut*

la avellana: *hazelnut*

las hormigas: los insectos que viven en colonias bajo tierra y en el tronco de los árboles

el mezcal: bebida alcohólica típicamente mexicana

los chapulines: los saltamontes (*grasshopper*)

crujientes: crocantes

la trompa: nariz del elefante

el hígado: *liver*

la foca: *seal*

COMIDAS
exóticas

La gastronomía constituye una de las formas más curiosas de acercarse a la cultura de los pueblos. Sin embargo, en Occidente miramos con mala cara lo que otras personas comen. Mientras en ciertos países comerse un murciélago causaría estupor, en otros, ese animal es un manjar delicioso.

En general, en las zonas selváticas es donde se pueden encontrar los alimentos más extraños. Si alguien se tapa los ojos y mordisquea un gusano, notará que su sabor es similar al de una nuez o avellana. En Colombia existen las hormigas culonas, que bien fritas, no están nada mal.

En México se encuentran 308 especies de insectos comestibles. Hasta el gusano de maguey se bebe aprovechando el trago de mezcal donde flota. Si viajas a este país, rápidamente te darás cuenta de que no hay nada más común que un platillo de chapulines, saltamontes fritos, crujientes y picantes.

En la Argentina los chinchulines (los intestinos) y las morcillas (chorizos hechos de sangre) forman parte del plato típico del país, el asado criollo.

Los indios Yanomani comen anacondas; en Australia se come el canguro, y en África, la trompa del elefante. Para los esquimales el hígado de una foca joven, es el mejor platillo del mundo.

El asunto es que algunos alimentos pueden ser muy apreciados en un lugar y tabú en otro.

6-10 Usando las palabras del vocabulario pon el nombre correspondiente debajo de cada animal.

_____   _____

_____   _____

6-11 Lee las siguientes oraciones y da el sinónimo de las palabras subrayadas. No olvides hacer los cambios de género y número que sean necesarios.

1. Al muchacho le causó <u>estupor</u> ver el accidente.
2. Los chapulines son un <u>manjar</u> en México.
3. Elena <u>se cubre</u> los ojos cuando come canguro.
4. En México tomé mucho <u>mezcal</u>.
5. Las hormigas fritas son muy <u>crujientes</u>.

 ## A comprender

6-12 Según el artículo, contesta las siguientes preguntas.

1. ¿Cuál es otra forma de conocer la cultura de un pueblo?
2. ¿Cómo reaccionan algunas personas al conocer lo que comen en otros países del mundo?
3. ¿Qué sabor tiene un gusano?
4. ¿Cuántas especies de insectos comestibles hay en México?
5. ¿Qué comen los indios Yanomani?
6. ¿Para qué comunidad es un manjar el hígado de foca joven?

A hablar

6-13 Habla con un compañero/a de clase sobre una comida exótica que hayan comido alguna vez. Hablen también sobre las comidas del artículo que probarían si tuvieran oportunidad.

> **EJEMPLO:** E1: *Yo comería canguro pero no probaría el hígado de foca. ¿Y tú?*
> E2: *No comería ni canguro ni foca, pero, una vez comí ranas.*

 ## A escribir

6-14 Escribe un párrafo sobre las comidas exóticas que se pueden encontrar en el área donde vives. Menciona quiénes las comen y dónde. Habla de tu experiencia personal. ¿Las has comido alguna vez? ¿Las comerías?

Cuando los hijos se casan

 ## A pensar

6-15 Comenten las siguientes preguntas en parejas.

1. ¿Querrías casarte algún día? ¿Sabes con quién?
2. ¿Cómo sería tu esposo/a?
3. Describe cómo, cuándo y dónde sería tu boda.

 ## A aprender y aplicar el vocabulario

nacer: venir al mundo, emerger, originarse

el amanecer: cuando sale el sol temprano por la mañana

colar: filtrar

la sala de partos: la sala del hospital donde nacen los bebés

las frazadas: las mantas, las cobijas

hizo trizas: hizo pedazos, rompió

las ilusiones: las esperanzas

el remanso: un lugar tranquilo

la viuda: una mujer cuyo esposo ha muerto

amenizada: divertida

embargarse: estar abrumado por

apretar: agarrar con fuerza

hubiese ocurrido: *had occurred*

la nuera: la esposa de un hijo

había fallecido: había muerto

la capilla: la iglesia

los arrullos: los sonidos callados que hacen las palomas

las palomas: los pájaros blancos, símbolos de la paz

Cuando los hijos se casan

Siempre me pregunté que haría cuando llegara el momento de volver a estar sola después de que mis hijos se casaran. Bueno ese día llegó más rápido de lo que lo esperaba y pienso que es uno de los momentos más intensos en la vida de una madre. Mi hijo nació en 1970 y tres años más tarde en 1973 nació mi hija, Eugenia. Lo recuerdo como si fuera hoy, era el amanecer y el sol se colaba por la ventana de la sala de partos, mientras las enfermeras se apuraban para entregarme a un bulto envuelto en una frazada. Era mi hija, que anunciaba su llegada al mundo con un robusto llanto.

Años más tarde, mi divorcio hizo trizas mis ilusiones. Mi familia me ofreció un remanso donde pude dejar a los pequeños para rehacer mi vida. Al morir mi padre, me convertí en cabeza de la familia y en la responsable de atender a dos adolescentes y a mi anciana y viuda madre.

Pasó el tiempo. Mi hija comenzó los planes para su boda. Quería una fiesta para 140 invitados, con cena y amenizada por una orquesta. Cuando llegó el gran día, mientras me ocupaba de los preparativos, me embargaba

una emoción muy intensa. Había una tormenta increíble afuera de la iglesia, reflejando la confusión que me apretaba el corazón. Sonriente y camino del altar, mi hija me tiró un beso.

Después de la ceremonia, la recepción finalizó con el clásico vals. Cuando nos dimos el abrazo de despedida, tuve alegría y miedo, y sentí tristeza porque todo ocurrido tan rápido.

Dos meses después, mi hijo anuncio que se casaría. De nuevo, mi casa se convirtió en el centro de los preparativos nupciales. Esta vez se invitaría a 40 personas a una recepción en la sala de mi casa y la novia vestiría mi traje de novia. La noche anterior a su casamiento, mi hijo puso mi canción preferida y bailamos. Al terminar la música nos abrazamos y lloramos.

A la mañana siguiente, un diminuto grupo se congregó en una capilla para presenciar la unión de mi nuera y mi hijo. Todo salió como lo esperaba y me sentí muy orgullosa de mis logros como madre.

Ahora que mis hijos se han ido, recuerdo aquellos tiempos en que me sentía responsable de todo cuanto les ocurriera, y doy gracias a Dios porque eso ya pasó. Extraño tenerlos bajo mi techo, pero estoy feliz porque han entcontrado la felicidad junto a su pareja.

6-16 Escoge 10 palabras del texto y escribe un párrafo original sobre tu propia boda. ¿Cómo fue o cómo será? Incluye detalles sobre los invitados, el vestido de la novia, el lugar de la ceremonia, la luna de miel, etc.

6-17 Contesta cada pregunta usando una palabra del vocabulario.

1. Describe el estado emocional de la madre cuando recuerda el nacimiento de sus hijos.
2. Describe cuáles eran los planes de la boda de su hija.
3. ¿Cómo terminó la recepción de la boda?
4. ¿Quién fue el próximo en casarse en la familia de la autora?
5. Describe estos preparativos nupciales.
6. ¿Cómo pasaron la autora y su hijo la noche antes de la boda? ¿Por qué?
7. Describe con detalles la ceremonia nupcial del hijo.

Notas culturales:

En las bodas en Latinoamérica no se usa un cortejo con amigos del novio y la novia. Los padres del novio y la novia están al lado de ellos durante la ceremonia. Generalmente, el padre de la novia entra en la iglesia con su hija y se la entrega al novio, que la está esperando en el altar de la iglesia junto con sus padres y la madre de la novia. Normalmente, los padres son los padrinos de la boda.

 ## A hablar

6-18 ¿Qué dirían estas personas en las siguientes situaciones? En parejas, creen la conversación apropiada para cada caso.

EJEMPLO: El novio le pide al padre la mano de su hija.
 NOVIO: *Me gustaría pedirle la mano de su hija porque quiero casarme con ella.*
 PADRE: *Claro que sí. Nos alegraría mucho tenerte como yerno.*

1. La hija y la madre charlan de las flores para la boda.
2. La hija les pide a sus amigas que formen parte del cortejo.
3. La madre del novio habla con la novia sobre cómo deberá cuidar a su hijo.
4. La novia y el novio hablan sobre dónde piensan ir para su luna de miel.

 ## A escribir

6-19 Escribe una carta a un/a amigo/a o a tu novio/a. Imagínate que eres el/la novio/a. Describe cuáles son tus planes futuros, dónde querrías vivir con tu futuro/a esposo/a, cuántos hijos te gustaría tener, etc.

Un verano de Internet

A pensar

6-20 Conversa con un/a compañero/a sobre las siguientes preguntas.

1. ¿Con qué frecuencia usas la Red o Infovía?
2. ¿Usas la Red para cosas personales, para el trabajo o para tus estudios?
3. ¿Conoces a gente que no la usa?

A aprender y aplicar vocabulario

está empeñada: está decidida

el dispositivo: el aparato

recorrer: viajar por

la Península Ibérica: la península donde están España, Portugal y Andorra

el ordenador: la computadora

la época estival: la época de verano

la Red: la red informática

encargados: responsables

las pérgolas: el lugar con columnas y barras que sostiene un tejado

las carpas: las tiendas de campaña

las pantallas: los monitores informáticos

gratuito: sin cargo, gratis

sortear: *to raffle*

la propuesta: la oferta

reivindicar: pedir, reclamar, exigir

abaratar: rebajar

Un verano de Internet

Telefónica está empeñada en que los españoles sepan qué es y cómo funciona Internet e Infovía. Para ello ha montado un dispositivo móvil que recorrerá casi toda la Península Ibérica con 300 ordenadores.

Telefónica ha puesto en marcha este verano una iniciativa para popularizar el uso de Internet entre los ciudadanos españoles. Desde el 5 de julio y hasta el 17 de septiembre, cuatro estaciones (*expotrailers*) y 16 bases de navegación (camiones), en las que están instalados 300 ordenadores, recorrerán 500 lugares de la Península Ibérica, que previamente han sido seleccionados por la afluencia de visitantes en época estival. El objetivo de la idea es que todas aquellas personas que lo deseen puedan acceder a la red.

En esta operación, denominada *Infoshow.w.w*, trabajan 250 monitores universitarios especialmente formados y entrenados. Ellos serán los encargados de informar al visitante de las características, posibilidades y ventajas de Infovía e Internet, así como de guiarles en sus primeros pasos dentro de la red, atendiendo cuantas dudas se planteen en su uso.

Las instalaciones, por las que se ha calculado que pasarán cerca de un millón de personas, disponen de pérgolas, carpas y pantallas gigantes de video, en las que constantemente se ofrecerá información. Todo con carácter gratuito. También se sortearán entre los asistentes distintos tipos de productos, desde módems de 33.600 bps hasta ordenadores *Compaq*.

La propuesta de Telefónica no se acaba simplemente con la visita a *Infoshow.w.w*, aquellas personas que lo deseen podrán también pasar a formar parte del *Club In & In* (Infovía e Internet), que ofrece innumerables ventajas a aquellos usuarios que utilizan las redes: información periódica sobre las últimas novedades en tecnología, precios y ofertas especiales, sorteos e invitaciones a los diversos acontecimientos organizados alrededor de este fenómeno sin fronteras.

Con esta operación, la nueva empresa privada intenta reivindicar el papel preponderante que Infovía tiene en España para la difusión de Internet.

En su primer año de vida cuenta ya con 375.000 usuarios, ha acumulado 59 millones de llamadas y 26 horas de conexión y ofrece cerca de 1.200 proveedores de información. Todo un récord para un servicio que ha conseguido abaratar en un 50 por ciento el coste de las llamadas a la red.

6-21 Escribe un sinónimo del vocabulario para la/s palabra/s subrayada/s.

1. ¿Por qué la compañía Telefónica <u>está decidida a</u> informar a la gente de los beneficios de usar la Red?
2. Varios camiones van a <u>viajar por</u> el país con varias <u>computadoras</u> para que la gente pueda acceder a la <u>Red</u>.
3. Los que son <u>responsables</u> de este programa trabajan para Telefónica, una empresa que opera en <u>España y Portugal</u>.
4. Los <u>ordenadores</u> serán vistos durante la época <u>de verano</u>.
5. Telefónica usará varias <u>tiendas de campaña</u> para dar a la gente la oportunidad de usar los ordenadores <u>sin cobrarles</u>.
6. La <u>oferta</u> se puede reclamar durante varios meses.

 ## A comprender

6-22 Escribe cierto (C) o falso (F) antes de cada oración. Corrige las frases falsas.

1. _____ Telefónica se ha creado sólo para informar a la gente sobre Internet.
2. _____ La gente de la Península Ibérica habrá visto más de 500 ordenadores a finales del verano.
3. _____ Las bases de navegación estarán en los camiones.
4. _____ El objetivo de Telefónica es que todos puedan acceder a la Red.
5. _____ Los encargados de mostrar la Red a la población española serán 250 monitores universitarios.
6. _____ Es posible que algunos españoles tengan dudas sobre el uso de la Red.
7. _____ Se ha calculado que por lo menos 500 personas disponen de la publicidad de este programa.
8. _____ Los usuarios de *Infoshow.w.w* podrán ser miembros del *Club de In & In* el cual les ofrece muchas desventajas.

RECUERDA

El presente perfecto, el pasado perfecto (pluscuamperfecto) y el futuro perfecto son tiempos compuestos. Cualquier complemento de objeto directo o indirecto, pronombre reflexivo o partícula negativa que se use debe estar antes del verbo **haber**.

¿Sabes que Carlos **no se** ha conectado a la Red todavía?
Ya **las** había montado cuando llegaron los inspectores.

A hablar

6-23 En parejas hablen del tipo de sistema que usan para acceder a la Red en su casa o en su trabajo. Comparen cuál es más barato y qué beneficios les da cada programa. También, comenten los tipos de actividades en las cuales ambos/as participan en la Red informática.

A escribir

6-24 Escribe un anuncio que incluya todos los servicios que Telefónica ofrecerá en su programa "Un verano de Internet."

Rita Moreno

A pensar

6-25 Con un/a compañero/a de clase comenta lo siguiente.

1. ¿Conoces a alguien que sufra de algún defecto o enfermedad física? ¿Quién es y de qué sufre? ¿Desde cuándo padece esta enfermedad?
2. ¿Te has quebrado alguna vez un hueso? ¿Qué te rompiste y cómo lo hiciste? ¿Cuántos años tenías?
3. ¿Qué hiciste para continuar con tus actividades cotidianas?

A aprender y aplicar el vocabulario

la **década**: un período de 10 años

el **bastón**: un palo que se usa para apoyarse y caminar

el **calcio**: un mineral que se encuentra en la leche o en el jugo de naranja

el **fortalecimiento**: el endurecimiento, el refuerzo

la **portavoz**: la mensajera

RITA MORENO

(Osteoporosis) Tres décadas de su vida moviéndose en los más prestigiosos escenarios no evitaron que a nuestra legendaria Rita Moreno se le deterioraran los huesos. A sus 68 años, a nuestra actriz, cantante y bailarina le diagnosticaron osteoporosis (pérdida de masa ósea) el verano pasado. "Siempre he estado muy activa, pero cuando me hicieron la prueba de densidad ósea, me sorprendí al saber que tengo muy delgados los huesos de la cadera. Gracias a Dios que lo descubrí a tiempo. Tengo una amiga que sufrió una fractura de cadera y está en silla de ruedas. Soy afortunada, porque puedo jugar con mi nieto y no uso bastón," cuenta la ganadora de un Oscar, un Grammy, un Emmy y un Tony. Rita admite que nunca le gustó tomar leche, fuente de calcio, un mineral necesario para el fortalecimiento de los huesos. Su preocupación la ha llevado a ser la portavoz de la Fundación Nacional contra la Osteoporosis (NOF) y a alertar especialmente a las mujeres latinas sobre la llamada enfermedad silenciosa. "Este mal no tiene síntomas como la artritis. Pero se puede prevenir con una dieta rica en calcio, haciendo ejercicios y chequeándose después de la menopausia." Para más información llame en USA al NOF al (202) 223-2226 o a la asociación de osteoporosis del país donde usted reside.

6-26 Contesta las siguientes preguntas según el vocabulario.

    1. ¿Cuántos años hay en una década?

    2. ¿Cómo se llama la enfermedad que afecta a los huesos?

    3. Nombra un mineral que ayuda al endurecimiento de los huesos.

    4. ¿Qué es un/a portavoz?

    5. ¿Para qué se usa un bastón?

 ## A comprender

6-27 Según el artículo, contesta las siguientes preguntas.

    1. ¿Cuántos años hace que Rita Moreno es actriz, cantante y bailarina?

    2. ¿Qué enfermedad le diagnosticaron?

    3. ¿Cuándo se la diagnosticaron?

    4. ¿Ha tenido Rita una vida sedentaria o activa?

5. Según Rita, ¿quién ha sufrido de osteoporosis?

6. ¿Qué ha tenido que usar para moverse la amiga de Rita y por qué?

7. ¿Qué no le ha gustado mucho tomar a Rita?

8. ¿Por qué se ha convertido en la portavoz de la Fundación Nacional contra la Osteoporosis?

9. ¿Cómo habría podido evitar esta enfermedad?

 ## A hablar

6-28 Con un/a compañero/a desempeñen los papeles de periodista y Rita Moreno. La persona que hace de periodista debe entrevistar a Rita, y preguntarle sobre su enfermedad y su carrera.

EJEMPLO: PERIODISTA: *Gracias por haberme recibido, quiero hacerle unas preguntas.*
RITA: *¡Cómo no! ¡Encantada!*

 ## A escribir

6-29 Escribe un anuncio para combatir la osteoporosis. Incluye datos que encuentres en la Red o en libros donde se describan los pasos a seguir para evitar la enfermedad.

 ## A divertirnos: *Dibuja y adivina*

6-30 La clase se divide en dos grupos. Una persona de cada grupo debe ir a la pizarra. El/La profesor/a le dará en secreto una palabra del vocabulario del capítulo a uno/a de los/las representantes quien tiene treinta segundos para dibujarla. El/La representante del primer grupo hace el dibujo y su grupo debe adivinar qué es. Si no lo adivina, el segundo grupo tiene la oportunidad de hacerlo. Gana el equipo que obtiene diez puntos primero.

 ## A escuchar: ¿Qué piensas de la infidelidad?

6-31 Escucha las preguntas que tu profesor/a te hace y escríbelas en la línea correspondiente. Contéstalas y luego compara tus respuestas con las de un/a compañero/a de clase.

6-32 En parejas, hagan el papel de novio/novia que ha sido infiel. Uno/a de ellas confronta al/la otro/a. Preparen un diálogo.

EJEMPLO: NOVIO: *Hoy te vi en el Parque del Retiro con otro hombre. ¿Qué hacías?*
NOVIA: *Te equivocas, mi amor. Hoy he estado todo el día en casa estudiando. ¿Qué hacías tú en el Parque del Retiro?...*

This section should be used to reinforce the grammar that appears in the articles which you have just read. You may use it to clarify points that are not clear, to review the grammar, or simply for more practice.

The Conditional Tense

The conditional tense is formed by adding the following endings to the <u>infinitive</u> of the verb. The same endings are used for all three verb groups: -**ar**, -**er**, and -**ir.** A written accent is required on each ending.

yo	-**ía**
tú	-**ías**
usted, él/ella	-**ía**
nosotros/nosotras	-**íamos**
vosotros/vosotras	-**íais**
ustedes, ellos/ellas	-**ían**

The conditional tense is used to express an action that may take place in the future or in a hypothetical situation. In addition, it is used when the speaker refers to a future action from a past point of view. The verb **deber** translates as *should* or *would*, and indicates probability or conjecture.

> Dije que **iría** a la boda de mi prima pero la verdad es que no tengo tiempo.
> **Debería** probar más comidas exóticas cuando viajo.
> **Viajaría** por todo el mundo con mi mejor amigo.

The irregular forms of the conditional have the same stems as the irregular verbs of the future tense. The verb endings are added to these stems.

decir:	**dir-**		saber:	**sabr-**
hacer:	**har-**		poner:	**pondr-**
haber:	**habr-**		salir:	**saldr-**
poder:	**podr-**		tener:	**tendr-**
querer:	**querr-**		venir:	**vendr-**

> No **querría** darles regalos a mis enemigos, pero sí a mis amigos.
> **Haría** lo mismo por usted.

The Past Participle

The past participle is used in conjunction with a helping verb in order to form the perfect tenses. To form the past particple, drop the -**ar** of the infinitive and add -**ado** (**amado**) or drop the -**er** or -**ir** of the infinitive and add -**ido** (**comido, partido**). The past participle of verbs whose roots end in a vowel require a written accent: caer → **caído,** leer → **leído,** oír → **oído,** reír → **reído,** traer → **traído** y creer → **creído.**

Irregular Past Participles			
abrir	**abierto**	ir	**ido**
cubrir	**cubierto**	morir	**muerto**
decir	**dicho**	poner	**puesto**
descubrir	**descubierto**	romper	**roto**
escribir	**escrito**	ver	**visto**
hacer	**hecho**	volver	**vuelto**

When the past participle is used as an adjective, it agrees in number and gender with the noun it modifies. When used as a verb with the perfect tenses, it is accompanied by the helping verb **haber.**

> El cielo está **cubierto.**
> La comida está **hecha** con especias.
> **Han descubierto** una cura para la osteoporosis.

The Present Perfect

The present perfect is formed with the helping verb **haber** and the past participle; the participle is used in the masculine singular form throughout the conjugation. In general, the present perfect is used to describe an action that took place in the recent past. In Spain the present perfect is often used instead of the preterite.

	Haber	Past Participles
yo	**he**	
tú	**has**	
usted/él/ella	**ha**	habl**ado**/com**ido**/part**ido**
nosotros/as	**hemos**	
vosotros/as	**habéis**	
ustedes/ellos/ellas	**han**	

The Past Perfect

The past perfect or pluperfect is formed with the imperfect of the helping verb, **haber** and the past participle. The past perfect is used to express a past action which precedes another past action.

	Haber	Past Participles
yo	**había**	
tú	**habías**	
usted/él/ella	**había**	**hablado/comido/partido**
nosotros/as	**habíamos**	
vosotros/as	**habíais**	
ustedes/ellos/ellas	**habían**	

The Future Perfect

The future perfect is formed with the future of the helping verb **haber**, and the past participle. The future perfect tense expresses an action that will have occurred before another action takes place. It also expresses probability in the present time frame, and can be used to express conjecture about an action that may have ocurred in the past but is related to the present.

	Haber	Past Participles
yo	**habré**	
tú	**habrás**	
usted/él/ella	**habrá**	**hablado/comido/partido**
nosotros/as	**habremos**	
vosotros/as	**habréis**	
ustedes/ellos/ellas	**habrán**	

The Conditional Perfect

The conditional perfect is formed with the conditional of the helping verb, **haber** and the past participle. It is used to express an action that would have occurred but never happened. It also expresses probability in the past and can express conjecture.

	Haber	Past Participles
yo	**habría**	
tú	**habrías**	
usted/él/ella	**habría**	**hablado/comido/partido**
nosotros/as	**habríamos**	
vosotros/as	**habríais**	
ustedes/ellos/ellas	**habrían**	

Práctica de gramática y vocabulario

6-33 Tu compañero/a de cuarto siempre cambia tus cosas de lugar cuando te vas de tu habitación. Dile lo que has notado que ha cambiado. Escribe el participio pasado de los verbos en paréntesis. Recuerda que tienen que concordar en género y número con el sustantivo al que modifican.

EJEMPLO: Esta mañana he dejado mi computadora (prender) y ahora está (apagar).
Esta mañana he dejado mi computadora prendida y ahora está apagada.

1. Mi cama estaba (hacer) y ahora está (destender).
2. Mi taza estaba (guardar) en el gabinete y ahora está en la mesa.
3. Mis papeles estaban (acomodar) y ahora están (desorganizar).
4. Mi luz estaba (apagar) y ahora está (encender).
5. Mis lápices estaban (poner) en un cajón y ahora están fuera del cajón.

6-34 Escribe lo que has hecho antes de venir a clase. Usa el presente perfecto.

EJEMPLO: Antes de venir a clase, he completado mi tarea.

6-35 En parejas, háganse preguntas sobre lo que han hecho la última semana. Usen el presente perfecto y construyan por lo menos 5 oraciones.

EJEMPLO: ¿Has ido al cine? ¿Has practicado algún deporte?

6-36 Marta fue de vacaciones a Brasil. Al regreso le contó a su mejor amiga, Susana, lo que había hecho durante su viaje. Más tarde Susana se reunió con amigos comunes y les contó lo que había hecho Marta.

EJEMPLO: Visitar mercados
Susana me dijo que había visitado muchos mercados.

6-37 Pregúntale a un/a compañero/a qué cosas había hecho ya en su vida antes de entrar en a la universidad. Por lo menos construyan 5 oraciones cada uno/a.

6-38 Resoluciones…resoluciones…resoluciones. Usando el futuro perfecto, explica qué habrán hecho tú, tu padre, tu madre y tus hermanos para:

1. el año 2010
2. el año que viene en esta misma fecha
3. mañana al mediodía
4. esta noche

6-39 Con un/a compañero/a comenta sobre lo que harían en las siguientes circunstancias.

1. Si tu novio/a te dejara plantado/a el día de tu boda, ¿qué harías?
2. Estás soñando con tu mujer u hombre ideal en voz alta. Describe cómo sería. Usa el condicional.
3. El fin de semana pasado tuviste un accidente, chocaste el auto de tu madre y fue culpa tuya. Le contestaste mal al policía y fuiste a parar a la cárcel por unas horas hasta que tus padres te fueron a buscar. Dile a tu compañero/a qué crees que deberían hacer tus padres contigo y explica qué querrías tú porque, para ti, todo esto no es una gran cosa.

6-40 Esta semana fue terrible: hubo un terremoto, se fue la luz, se cortó el agua y perdiste tu trabajo. Explica qué cosas habrías o no habrías hecho si no te hubieran pasado todas estas cosas.

EJEMPLO: *Yo habría visto la televisión.*

6-41 Tu abuelo/a es muy viejo/a y ha quedado paralítico/a. Describe qué cosas habría podido hacer el fin de semana pasado si no estuviera en esta situación.

EJEMPLO: *Mi abuelo se **habría podido** preparar la comida.*

Viajes

VOCABULARIO

Medidas de seguridad
Las vacaciones
Actividades en las vacaciones

GRAMÁTICA

Más usos del subjuntivo
El imperfecto del subjuntivo
Usos del imperfecto del subjuntivo

DESTREZAS

Cómo expresar incertidumbre
Cómo expresar cortesía

A comenzar

7-1   Ve a la Red (*www.prenhall.com/quiosco*) y visita las direcciones donde encontrarás información sobre diferentes lugares turísticos en Latinoamérica y España.

Luego, con un/a compañero/a planifiquen un viaje al Perú. Vean qué ofertas hay, a dónde, cuánto cuestan y cuáles son las mejores excursiones que ofrecen. Después, preparen un informe oral sobre la información que encontraron.

A mirar: Fórmulas de Sombrasol

Notas culturales:

En la Argentina se usa el voseo, es decir **vos** en vez de **tú**. **Vos** es una forma pronominal del español antiguo con la que se trataba únicamente a personas importantes. Hoy en día aún se utiliza en algunos países como la Argentina, Uru Perú, Costa Rica y Guatemala. Así, en el av imperativo **reducí** significa **reduce**, **buscá** s en lugar de **busca** y **podés** en lugar de **pued**

Fórmulas de SOMBRASOL

Sombra pequeña ➡ reducí la exposición al sol y buscá la sombra.

Sombra grande ➡ tomá el sol con moderación.

¿Sabías que la sombra ayuda a saber si debés tomar el sol? Mirá, si tu sombra es más pequeña que tu altura, buscá la sombra; el sol está muy fuerte y puede dañar tu piel. Si tu sombra es más larga que tu altura, podés tomar el sol pero con cuidado.

7-2   En parejas, hablen de los peligros de tomar mucho el sol. Según el aviso, ¿cómo se sabe si el sol es muy fuerte o no? ¿Quiénes son los patrocinadores del aviso? ¿Por qué crees que son patrocinadores? ¿Has experimentado problemas en la piel por tomar mucho el sol? ¿Qué te pasó?

Viajar seguro

A pensar

7-3   Con un/a compañero/a, comenten los siguientes temas.

1. ¿Has experimentado algún problema en alguno de tus viajes? ¿Cuáles?
2. ¿Viajabas con tu familia cuando eras niño/a? ¿Quién se encargaba de hacer los planes?
3. ¿Con quién viajas ahora? ¿Por qué?
4. ¿Con qué frecuencia viajas a países extranjeros? ¿Qué países has visitado? ¿Cuándo y con quién los has visitado?

A aprender y aplicar el vocabulario

iniciar: empezar, comenzar

el pasaje: el billete de un viaje, el boleto

entérese: infórmese

amparan: protegen

expidió: despachó, envió

salvo que: a menos que

el recorrido: el viaje, la travesía

el retraso: la demora

la mala fe: la mala voluntad, mala intención

la devolución: el retorno, la restitución

el importe: el valor, el precio, el costo

deteriore: dañe, estropee

lo antes posible: cuanto antes, pronto, rápidamente

la antelación: el adelanto, la anticipación

en vigor: en funcionamiento

facturado: entregado y registrado

ampliar: aumentar, amplificar, hacer más grande

citado: dicho, mencionado

enlazar: juntar, atar, unir

el hospedaje: el alojamiento, el albergue

la manutención: el sustento, el mantenimiento

indemnizado: compensado

el botiquín: la caja que contiene todo lo necesario para dar primeros auxilios (*first aid kit*)

trasladar: transferir, transportar

precintado: asegurado, sellado

el talonario: un libro que contiene boletos, recibos, cheques, etc.

VIAJAR SEGURO

Cuántas veces nos hemos encontrado con un problema en la estación o el aeropuerto a la hora de iniciar un viaje por no haber leído la letra pequeña de los pasajes. Entérese de todos los derechos que le amparan. Más vale perder un minuto ahora que comenzar las vacaciones mal.

 POR AVIÓN

Billete: Tiene carácter nominativo, por lo tanto sólo puede ser utilizado por su titular (el nombre de la persona que está en el billete). En caso de que se le pierda, tiene que comunicárselo inmediatamente a la oficina que lo expidió.

Precio: Puede variar mucho en función de la compañía que elija para viajar. Salvo que tenga mucho dinero, es necesario que compare tarifas, en especial, para los vuelos de largo recorrido.

Retrasos y cancelaciones: Las compañías no se responsabilizan por los daños y perjuicios que se le ocasionen al usuario por estas causas, a menos que se pueda probar que hubo error de mala fe. Siempre se puede solicitar la devolución del importe del billete.

Equipaje: Las compañías transportan hasta 20 kilos de equipaje gratis por cada billete de clase turista y hasta 30 kilos por los billetes de primera clase. En caso de que se le pierda, deteriore o retrase el equipaje, debe comunicárselo lo antes posible a la compañía y presentar una queja.

Libros de reclamaciones: En todos los aeropuertos existen estos libros a disposición de los viajeros.

 **POR BARCO**

Los servicios regulares de líneas marítimas deben anunciar y tener siempre a disposición del público los itinerarios, la frecuencia, tarifas y condiciones generales de los servicios que prestan. Cualquier modificación de esas condiciones deberá publicarse al menos con 150 días de antelación a la fecha prevista de entrada en vigor de tal modificación.

 POR TREN

Las tarifas varían en función de las fechas de los viajes, las horas e incluso el tipo de tren que elija para efectuar el viaje. Existen descuentos en caso de que viaje en grupo.

Billete: Incluye un seguro obligatorio de accidentes y un seguro de pérdida de equipaje facturado. Si se transportan objetos de valor, deben declararse para así ampliar la cobertura del citado seguro.

Retrasos: En caso de que tenga que enlazar dos trenes, y si pierde el segundo porque el primero llegó retrasado y había comprado el boleto con antelación, la empresa está obligada a los pagos de hospedaje y manutención que esta situación le puede generar.

 POR AUTOCAR

Billetes: La venta comenzará al menos 30 minutos antes de la salida. En el billete deben figurar el nombre de la empresa, fecha, trayecto, precio, número de autocar y asiento.

Equipaje: Pueden transportarse gratuitamente hasta 30 kilos. En caso de que se pierda, el viajero tiene derecho a ser indemnizado. Si lleva objetos de valor es conveniente que los declare para evitar problemas posteriores.

Condiciones durante el viaje: El autocar estará en condiciones higiénicas y dispondrá de seguridad, iluminación, calefacción, botiquín y puertas y ventanas designadas como salidas de emergencia.

Los viajeros podrán ir de pie salvo que el trayecto sea superior a los 30 kilómetros.

Si el viaje se interrumpe, se tomarán las medidas necesarias para trasladar a los viajeros a su destino.

 ALQUILER DE COCHES

Las empresas de alquiler de coches sin conductor deben tener expuestas a la vista del público las tarifas aplicables para los tipos de vehículos disponibles.

El precio anunciado incluirá un seguro por daños a terceros y todos los impuestos. El seguro de responsabilidad por daños al propio vehículo podrá anunciarse de manera diferenciada y tendrá carácter voluntario.

 POR TAXI

Deben llevar un taxímetro, debidamente precintado, situado en la parte delantera, de forma que el viajero vea la tarifa. Debe estar siempre iluminado. A menos que sea un viaje especial, estas reglas se deben aplicar en todos los casos.

Además no deben faltar:

- Hoja oficial de reclamaciones.
- Reglamento de servicio.
- Talonario de recibos autorizados.
- Ejemplar oficial de tarifas vigentes.

7-4   Da un sinónimo para cada una de las siguientes palabras y úsalos en una frase original.

1. empezar: _____
2. proteger: _____
3. aumentar: _____
4. juntar: _____
5. transportar: _____
6. despachar: _____

7-5   Contesta las preguntas según el vocabulario.

1. ¿Cuánto costó el último pasaje que compraste?
2. ¿A dónde fuiste?
3. ¿La última vez que viajaste hubo alguna demora? ¿Cuánto tiempo tuviste que esperar? ¿Te ofrecieron hospedaje? ¿Dónde?
4. ¿Te han dañado el equipaje en algún viaje? ¿Presentaste una queja?
5. ¿Recibiste alguna vez una devolución del importe de un boleto? Explica por qué.
6. ¿Llevas botiquín en tu coche?

7-6   Combina palabras de las tres columnas y forma siete frases con sentido. Puedes mezclarlas como quieras y añadir la información que necesites.

salvo que	iniciar	el recorrido
la devolución	amparar	la mala fe
la antelación	expedir	lo antes posible
el hospedaje	trasladar	en vigor
el talonario	enlazar	facturado
el pasaje	ampliar	indemnizado
el importe	enterarse	citado

 A comprender

7-7   Contesta las preguntas según la lectura. Usa tus propias palabras.

1. Según el autor del artículo, ¿qué se debe leer antes de iniciar un viaje?
2. Cuando compras un billete de avión, ¿quién es la única persona que puede usarlo?
3. ¿En qué circunstancias se puede pedir una devolución del importe a las líneas aéreas?
4. ¿Cómo le informas a la empresa que tienes problemas con el equipaje?
5. Si vas a usar una línea marítima, ¿cómo vas a viajar?
6. ¿Por qué se puede recibir un descuento cuando se viaja en tren?
7. ¿Qué recomienda el autor que hagas si llevas objetos de valor?
8. ¿Qué es un autocar?
9. ¿De qué debe disponer el autocar en el que vas a viajar?
10. ¿Qué debe tener a la vista del público una empresa que alquila coches?
11. ¿Qué incluye el alquiler del coche?
12. ¿Qué debe haber en la parte delantera del interior de un taxi?

A hablar

7-8   En parejas, uno de ustedes va a hacer el papel de agente de viajes y el/la otro/a el de viajero/a. Hablen de los modos de viajar y sus ventajas y desventajas. Luego elijan un lugar y averigüen cuál es el mejor medio de transporte para llegar allí.

EJEMPLO: AGENTE: *Es necesario que Ud. viaje en tren porque no hay vuelos a esa hora.*
            VIAJERO: *Bueno, pero, ¿hay otro modo de viajar en caso de que pierda el tren?*

A escribir

7-9   Escoge dos formas de transporte mencionadas en la lectura. Escribe dos anuncios. Convence a la gente de que compre sus billetes de viaje a través de tu empresa. Incluye frases con mandatos y el subjuntivo. Usa expresiones como **en caso de que, salvo que, es necesario que, antes de que, para que, a fin de que** o **con tal de que**.

Un viaje inolvidable

A pensar

7-10   En parejas, hablen de los siguientes temas.

1. ¿Has tenido la oportunidad de vivir en otro país? Explica las circunstancias.
2. ¿Has experimentado cierta ansiedad antes de un viaje? ¿Por qué?
3. Si no has viajado, ¿crees que es una buena experiencia para los estudiantes ir a vivir a otro país por un año? ¿Por qué? ¿Tienes amigos/as que lo han hecho? ¿Sabes si fue una experiencia positiva para ellos/as o no?

A aprender y aplicar el vocabulario

quedaba: estaba situado

estar a punto de: estar casi listo/a (*to be about to*)

el colmo: lo sumo, lo máximo, el punto culminante

las materias: las clases, los cursos

me di cuenta de: estuve consciente de

Un viaje inolvidable

Cuando yo estaba en el último año de la escuela secundaria a mi padre le ofrecieron un trabajo en Perú por un año. ¡Perú! ¡Perú! grité durante la cena, aunque ni siquiera sabía dónde quedaba. Lo primero que me dijo mi padre fue que no me preocupara, que todo saldría bien, pero en mi interior sentía que una bomba estaba a punto de explotar.

Los siguientes nueve meses fueron una serie de experiencias inolvidables. Al principio, temía que nadie quisiera ser mi amigo, por mi terrible acento en español y mi forma de hablar y caminar. Para colmo, tuve muchos problemas para adaptarme a las nuevas materias. Pero pronto todo eso cambió; me alegró mucho saber que casi todos mis compañeros hablaban inglés. Esto me ayudó al comienzo, pero luego me di cuenta de que tenía que aprovechar esta oportunidad para aprender otra lengua lo mejor posible. Han pasado tres años desde que regresé del Perú y me alegra decirles que esta experiencia me hizo madurar y tener más confianza en todo lo que hago. Aprendí a adaptarme a un nuevo ambiente y a otra lengua. Todavía me escribo con una innumerable cantidad de amigos peruanos y en dos años pienso regresar para trabajar como maestro de escuela, enseñando inglés y español.

7-11 Vuelve a escribir cada una de las oraciones siguientes utilizando un sinónimo para las palabras subrayadas.

> 1. Las clases en mi escuela nueva eran muy difíciles.
> 2. Ella estaba consciente de sus limitaciones.
> 3. Lo sumo del viaje fue cuando todos nos enfermamos del estómago.
> 4. No sé dónde está situada la ciudad de la que hablas.

 ## A comprender

7-12 Contesta las siguientes preguntas según el artículo.

> 1. ¿Qué oportunidad tuvo el autor del artículo cuando estaba en la escuela secundaria?
> 2. ¿Cuáles eran sus temores?
> 3. ¿Cómo fue el proceso de adaptación del autor?
> 4. ¿Qué piensa hacer el autor del artículo cuando regrese a Perú en dos años?
> 5. ¿Qué materias piensa enseñar?

 ## A hablar

7-13 Uno/a de ustedes ha vivido en otro país por un año. El/La otro/a le hace preguntas sobre los miedos, dudas y emociones antes de hacer el viaje. Usen el imperfecto del subjuntivo. Recuerden que pueden repasar este punto gramatical al final del capítulo.

EJEMPLO: E1: *¿Temías que la gente no te entendiera en ese país?*
E2: *Sí, estaba muy nervioso/a. Volví loca a mi familia antes de viajar.*

 ## A escribir

7-14 Vas a vivir a un país extranjero por un año. Escríbele una carta al/la consejero/a de la universidad a la cual asistirás para presentarte. Cuéntale las ansiedades, dudas y temores que estás experimentando antes de tu viaje. Pídele su consejo para poder acostumbrarte a tu nueva vida universitaria más fácilmente.

Los alemanes invaden la isla canaria de La Palma

A pensar

7-15 En parejas, comenten lo siguiente.

1. ¿A dónde sueles viajar de vacaciones? ¿Por qué?
2. ¿A dónde te gustaría ir? ¿Por qué?
3. ¿Qué saben de las Islas Canarias?

A aprender y aplicar el vocabulario

acogedor: favorable, propicio

la parcela: un trozo de terreno

a bombo y platillo: con mucho ruido

la urbanización: un grupo de apartamentos, casas o viviendas

ocultar: esconder

súbito: repentino

el cambio a estado gaseoso: la evaporación, la desaparición

un duro: una moneda de cinco pesetas usada en España antes de la existencia del euro

los propietarios: los dueños

mediante: por medio de

Los alemanes invaden la isla canaria de La Palma

Llegan cada vez más y llegan para quedarse. Han descubierto un paraíso limpio y acogedor, en el que no hay que matarse a trabajar… y muy barato.

Los alemanes están comprando la isla parcela a parcela. No es una invasión que se hiciera a bombo y platillo, sino que fue algo más sutil y silencioso. Los primeros alemanes llegaron hace más de treinta años y les gustó. Los dueños del restaurante "Mariposa", uno de los más hermosos de toda la isla, son un alemán y una sueca. A cien metros del restaurante se encuentra una panadería alemana. Y enfrente una gran urbanización. De cada 10 habitantes 1 es de nacionalidad alemana. La catástrofe de Chernóbil, que afectó al territorio centroeuropeo con radiación y lluvias ácidas, hizo que el proceso se acelerara. Primero llegaron las mujeres, los niños, y por último los hombres.

Hace diez años un solo vuelo semanal unía la isla con Alemania y hoy, hay veinticinco. Existe una radio que transmite programas en alemán y hay una publicación gratuita en alemán y español llamada *Magazin*. Hasta el único parque temático de la isla está en manos de los alemanes. Salvo algunos problemas, la convivencia es buena y los germanos que se quedan no ocultan su felicidad. Pero hay cosas poco claras. En 1995, entraron por el aeropuerto de La Palma 79.615 ciudadanos alemanes. Los hoteles de la isla registraron solamente a 24.098. Como es imposible el súbito cambio a estado gaseoso de casi 55.000 personas, se llegó a la evidencia que existe un mercado hotelero subterráneo que no paga un duro de impuestos. Los alemanes propietarios de apartamentos y chalés en La Palma se los alquilan directamente a sus compatriotas mediante avisos en revistas que no se publican más que en su país.

El paso siguiente será entrar en la política local, algo que podrán hacer en las próximas elecciones municipales. La invasión de los alemanes está elevando el nivel de vida de la isla. Ellos dicen que quieren vivir como los canarios y adaptarse a sus costumbres.

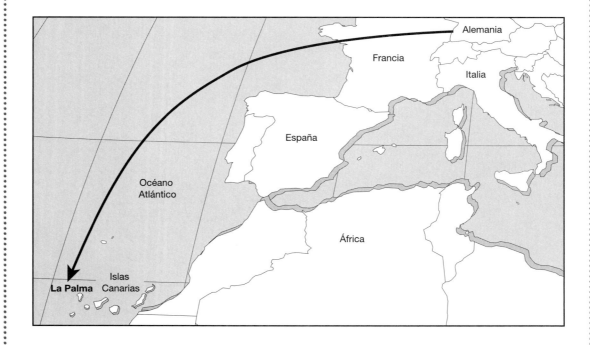

7-16 Usa los siguientes pares de familias de palabras en frases originales.

1. acoger/acogedor: _____

2. urbanizar/la urbanización: _____

3. ocultar/oculto: _____

4. convivir/la convivencia: _____

7-17 Contesta las siguientes preguntas con frases completas.

1. ¿A qué paraíso se refiere la lectura?

2. ¿Quiénes llegan allí y por qué?

3. ¿Qué están comprando?

4. ¿Es obvio que los alemanes están comprando terreno en las Islas Canarias? Explica.

5. ¿Cuándo empezaron a llegar los alemanes?

6. ¿Qué clase de empresas tienen los alemanes en la isla?

7. ¿Qué aceleró el proceso de inmigración a las Islas Canarias? ¿Por qué?

8. ¿Cuántos aviones entran y salen de la isla cada semana desde y hacia Alemania?

9. Describe cómo se sienten los alemanes en las Islas Canarias.

10. ¿Cómo se explica la diferencia entre el número de alemanes registrados y no registrados en los hoteles de la isla?

11. ¿Cómo anuncian las viviendas disponibles los alemanes?

 ## A hablar

7-18 En parejas, desempeñen el papel de un/a estudiante que vive en las Islas Canarias desde hace un tiempo. El/la otro/a piensa mudarse allí por un año. El primero le da sugerencias sobre lo que debe hacer antes y después del viaje.

EJEMPLO E1: *Te sugiero que compres el boleto de avión con mucha anticipación.*
E2: *Sí, ya lo hice. Te ruego que me vayas a buscar al aeropuerto.*

 ## A escribir

7-19 Usa tus propias palabras para escribir un resumen breve del artículo. Escribe por lo menos un párrafo de 10 frases de forma clara y completa.

Una aventura: Costa Rica, el paraíso perdido

 A pensar

7-20 En parejas, hablen de los siguientes temas.

1. ¿Has viajado a Latinoamérica? ¿Dónde, con quién y cuándo?
2. Si no has viajado, imagina a dónde te gustaría ir, cuándo irías, con quién, por qué, etc.
3. ¿Qué prefieres hacer cuando vas de vacaciones, ecoturismo, ir de campamento o ir a buenos hoteles? ¿Por qué?

 A aprender y aplicar el vocabulario

el paraíso: el edén
amplísima: muy extensa
disponga: tenga a mano
la amabilidad: la simpatía
el volcán: montaña que entra en erupción
las cataratas: caídas naturales de agua, normalmente de gran altura
en plena selva: en medio de la selva
la travesía: el viaje, el recorrido
el parapente: el ala delta, el aladeltismo, *hang gliding*
la cordillera: una serie de montañas muy altas
la balsa: una embarcación hecha de madera y troncos
la realeza: la nobleza, la familia real
agotado: cansado

Una aventura:
Costa Rica, el paraíso perdido

Si usted decidiera viajar a Latinoamérica, cualquier país les ofrecería a Ud. a y su familia posibilidades ilimitadas. Pero si su elección es Costa Rica, la oferta es amplísima, ya que el país entero es un parque nacional, con posibilidades de aventurarse en las más distintas e inolvidables actividades. Por supuesto que éstas varían según el dinero de que Ud. disponga, pero de cualquier modo le aseguramos que la pasará como nunca.

Costa Rica es uno de los países más pequeños del mundo, pero tiene una gran diversidad de fauna y flora. Esto, unido a la estabilidad democrática, la amabilidad de su gente, llamada "ticos", y la presencia de microclimas, lo convierten en un destino perfecto para el turismo de aventura.

Si usted tiene sólo un día, su excursión puede incluir: el volcán Poas, con desayuno típico; las cataratas La Paz y San Fernando; un almuerzo en Selva Verde, en plena selva y una travesía en bote por el río Sarapiqui.

Si le interesan los deportes de aventura puede hacer *windsurfing* en el lago Arenal. Si quisiera practicar parapente, tendría que ir a un área de cordillera cercana al suburbio de Escazú. Desde allí se podría lanzar desde 1.700 metros de altura y vería un paisaje hermoso. Pero si no le gustan las alturas y prefiere el agua, Costa Rica le ofrece excursiones en balsas y *kayacs* por los ríos Pácuare y Reventazón. En este último se realizan competencias mundiales.

Si usted tuviera mucho dinero podría alquilar un yate y hacer buceo en los océanos de Costa Rica.

Para poder sentirse como si fuera parte de la realeza podría visitar el Hotel Villablanca, localizado en un bosque nuboso. Este hotel es un lugar muy especial ya que los propietarios son el ex-presidente de la República Rodrigo Carazo y su esposa Estrella. Ellos fundaron este lugar para rescatar el patrimonio artístico de Costa Rica. También se utiliza como lugar para conferencias y seminarios.

Si después de todas estas sugerencias usted ha quedado agotado, puede escaparse a una de las tantas playas que le ofrece este país maravilloso. Entre ellas destacan: Flamingo, Manuel Antonio, Nacascolo, Ocotal, Playa Hermosa y Tambor.

7-21 Combina las palabras de cada columna para construir frases originales con sentido. Puedes mezclar el orden de las palabras y tambien cambiar de singular a plural.

el volcán	ver	en el paraíso
la cordillera	practicar	amplísimo
la realeza	visitar	en balsa
la amabilidad	subir	ilimitados
la travesía	bajar	en plena selva
Usted	viajar por	por el río
los ticos	ser	el agua
el yate	estar	microclimas
las cataratas	hacer	las costas
las excursiones	cruzar	el parapente

A comprender

7-22 Completa estas frases, según la información presentada en el artículo.

1. Si decidieras viajar a Costa Rica…

   _____

2. Hay muchas actividades para hacer en Costa Rica. Tres ejemplos son:

   _____

3. A los costarricences también se los conoce con el nombre de…

   _____

4. Posibles excursiones podrían ser:

   _____

5. Si quisieras practicar el parapente deberías ir a…

   _____

6. Hay conferencias y seminarios en…

   _____

7. Podrías alquilar un yate si…

   _____

8. El Hotel Villablanca es un lugar…

   _____

9. Rodrigo Carazo y su esposa fundaron este lugar para…

   _____

10. Los nombres de algunas playas de Costa Rica son…

   _____

 ## A hablar

7-23 Con un/a compañero/a habla sobre las posibles actividades o pasatiempos en que te gustaría participar si tuvieras el tiempo y el dinero necesarios.

A escribir

7-24 Estás de visita en Costa Rica. Escríbele una carta de tres párrafos a un/a amigo/a en la cual le describes tu viaje, tus experiencias, las nuevas actividades que has decidido practicar, tu opinión sobre la gente del lugar, los restaurantes, los hoteles y otros detalles que consideres necesarios.

Si México estuviera a la vuelta de la esquina...

A pensar

7-25 En parejas, hablen de los siguientes temas.

1. Si tuvieras dinero, ¿irías a la Ciudad de México? ¿Por qué?
2. ¿Conoces alguna ciudad que sea un conglomerado de diferentes civilizaciones? ¿Cuál?
3. Si tuvieras que elegir una ciudad exótica para visitar, ¿cuál sería? ¿Por qué? ¿Qué te atrae de ella?

A aprender y aplicar el vocabulario

a la vuelta de la esquina: muy cerca

la depositaria: persona o lugar que guarda o contiene algo

D.F.: Distrito Federal, la capital de la Ciudad de México

supera: es más de

el descanso: la parada

guarda: contiene, tiene

la gastronomía: el arte de comer bien

peregrinar: viajar a un santuario

lienzo de lino: tela para pintar

las juergas: las fiestas, las celebraciones

los boleros y rancheras: diferentes estilos de música

Si México estuviera a la vuelta de la esquina...

Si la Ciudad de México estuviera a la vuelta de la esquina iría de vacaciones frecuentemente. No sólo se trata de una de las ciudades más grandes del mundo, sino que al mismo tiempo es una ciudad exótica, depositaria de tres civilizaciones. Antigüedad y modernidad, bohemia, política e intelectualidad están presentes en su vida diaria.

México, D.F. es ideal para la gente que como yo, es amante de lo exótico sin salir de lo urbano. Hay recorridos para todos los gustos, sólo se requiere una buena planificación para no perder tiempo en las grandes distancias.

Si Ud. quiere visitar México, he aquí algunos consejos útiles. Si sufre del corazón, debe permitirse un día de adaptación, ya que la altura de la ciudad supera los 2.000 metros. Además, si ésta es su primera visita, concéntrese sólo en "el distrito" como se denomina a México, capital.

La superposición de lo precolombino, lo colonial y lo moderno se aprecia a simple vista en muchos lugares. La Plaza de las Tres Culturas o de Tlatelolco es testigo viviente de esta simbiosis. Menos conocido es el Museo de la Ciudad—en Suáres cerca del Zócalo.

Si le quedara tiempo, luego de visitar este museo camine al Zócalo, la plaza principal. Se puede observar allí lo que queda del Templo Mayor azteca, la lujosa Catedral a la izquierda y el Palacio Presidencial a la derecha.

Si necesitara un descanso podría visitar la cafetería del hotel situado en la esquina entre el Zócalo y la calle Madero. Cerca del Zócalo está la Alameda que guarda el mejor tesoro modernista: el Palacio de Bellas Artes. Si después de todo esto le quedaran ganas de continuar la experiencia mexicana, vaya por la noche al Ballet Folklórico Nacional. Complete el circuito probando la gastronomía local en algunos de los tradicionales cafés, como la casa de Iturbide.

El próximo día y si le interesa mucho lo azteca, acuda al parque Chapultepec y al Museo Nacional de Antropología. Pero si todo esto no le interesara y quisiera dedicar más tiempo a lo religioso, debería peregrinar a la Basílica de Guadalupe. La leyenda cuenta que en ese lugar, un 12 de diciembre, la Virgen se le apareció a un indio en un lienzo de lino.

En la capital Ud. encontrará librerías tan grandes como supermercados, "El sótano" y "Gandhi", por ejemplo. La zona donde hay más librerías por metro cuadrado es Coyoacán, donde vive la intelectualidad. Acérquese a la Universidad Estatal, donde encontrará ciclos de conferencias sobre todos los temas. Pero si lo que más le interesara fueran las juergas mexicanas, vaya a la plaza Garibaldi donde los mariachis cantan en directo boleros y rancheras.

¡Que tenga un buen viaje!

7-26 Completa cada una de las siguientes frases con una palabra del vocabulario.

1. Si quieres ir de _____ ve a la plaza Garibaldi.
2. Muchas ciudades en Latinoamérica son _____ de muchas civilizaciones.
3. En el _____ _____ hay recorridos para todos los gustos.
4. Tengo que hacer un _____, hemos caminado todo el día.
5. Necesitamos ir al Museo Nacional porque _____ grandes colecciones.
6. El _____ _____ _____ con la imagen está en la Basílica de la Virgen de Guadalupe.
7. Ve al cine que está muy cerca de aquí, _____ _____ _____
   _____ _____ _____ .

A comprender

7-27 Marca cada frase Cierta (C) o Falsa (F) según la información que contenga, y explica la razón de tu decisión.

1. _____ La Ciudad de México, sobre todo el D.F., no es interesante.
2. _____ Es necesario planificar una visita a esta ciudad.
3. _____ Tlatelolco es un restaurante.
4. _____ El Zócalo es uno de los mejores museos de México.
5. _____ Coyoacán es una zona con muchos restaurantes.
6. _____ La Universidad Estatal no posee muchos programas culturales importantes.
7. _____ Los boleros y las rancheras son dos tipos de comida mexicana.

A hablar

7-28 Un/a compañero/a y tú deciden ir a visitar la Ciudad de México. Dramaticen un diálogo sobre las diferentes actividades que quieren hacer. Pónganse de acuerdo sobre la aerolínea que van a usar, cuánto quieren gastar, cuántos días piensan estar allí, dónde comerán y dormirán, etc.

EJEMPLO: E1: *¿Te gustaría ir a México conmigo?*
E2: *Sí, pero depende de la fecha en que quieras ir.*

 **A escribir**

7-29 Soñar no cuesta nada. Imagina que tienes todo el dinero del mundo disponible y te pones a soñar sobre cómo gastarlo. Usa en tu descripción la mayor cantidad posible de oraciones con **si**. Incluye muchos detalles en tu descripción.

EJEMPLO: *Si tuviera mucho dinero, viajaría a Marte.*

 A divertirnos: *¿Dónde está Carmen Santiago?*

7-30 En cada recuadro hay 3 claves que indican en qué ciudad o país del mundo hispano se encuentra Carmen. Resuélvelas con un/a compañero/a. Luego comparen sus respuestas con el resto de la clase.

A.
> Clave N° 1: Carmen está caminando por el Malecón.
> Clave N° 2: Un dictador famoso gobierna y siempre tiene un puro en la mano.
> Clave N° 3: En esta isla nacieron Jon Secada y Cristina Saralegui.

B.
> Clave N° 1: Carmen está escalando el Aconcagua.
> Clave N° 2: En la capital se respira "aire puro".
> Clave N° 3: A la gente que vive en la capital se la conoce como "porteños".

C.
> Clave N° 1: El festival de Viña del Mar se realiza allí.
> Clave N° 2: Pablo Neruda nació y escribió parte de su obra allí.
> Clave N° 3: Carmen está cruzando el desierto de Atacama.

D.
> Clave N° 1: Carmen está comprando las mejores esmeraldas del mundo.
> Clave N° 2: La familia Valdés vive allí, uno de sus hijos es muy famoso en los Estados Unidos.
> Clave N° 3: El pintor Fernando Botero nació allí.

E.
> Clave N° 1: Carmen está visitando la ciudad de Chichicastenango.
> Clave N° 2: Rigoberta Menchú nació allí.
> Clave N° 3: El Popol Vuh fue escrito allí.

F.
> Clave N° 1: Carmen se encuentra en la iglesia de La Sagrada Familia.
> Clave N° 2: Luego va a comer tapas o paella.
> Clave N° 3: Ella va a conocer a muchos alemanes en estas islas del Mar Mediterráneo. ¿Cómo se llaman las islas?

A escuchar: Notas de Latinoamérica

7-31 Según la narración que vas a escuchar, contesta las siguientes preguntas.

1. ¿Cuándo y dónde dio la conferencia el profesor Santiago?
2. ¿Cuál fue el tema?
3. ¿Por quién/es fue construido el Canal de Panamá?
4. ¿Por qué se paró la construcción?
5. ¿Cuándo volvió a empezar la construcción?
6. ¿Por qué murieron muchos trabajadores?
7. ¿Qué hizo posible Jimmy Carter?
8. ¿Qué ocurrió en 1989?
9. ¿Cuándo fue transferida la posesión del Canal a sus dueños legítimos?
10. ¿Hay tropas estadounidenses en Panamá hoy?

Notas culturales:

Para cruzar del Océano Atlántico al Océano Pacífico hay dos lugares: uno, el Canal de Panamá y otro, al sur de la Argentina, el Estrecho de Magallanes. Para más información sobre el Canal de Panamá o sobre el estrecho de Magallanes visita la página *www.prenhall.com/quiosco*.

7-32 Haz un resumen de la información que encontraste en la Red y del artículo que acabas de escuchar. En el artículo se habla de la historia del Canal de Panamá; busca otros datos de interés sobre este lugar. Lee la información y escribe el resumen usando tus propias palabras. Recuerda que en un resumen tienes que poner los datos de mayor importancia. Trata de ser claro/a y escribe oraciones cortas. Luego presenta la información a la clase.

This section should be used to reinforce the grammar that appears in the articles which you have just read. You may use it to clarify points that are not clear, to review the grammar, or simply for more practice.

More Uses of the Subjunctive

Continuing with what you have already learned about the subjunctive, you will find below other cases where the use of the subjunctive is required.

1. After indefinite or non-existent antecedents:

Use the subjunctive with sentences whose antecedents refer to a non-specific person or thing, or when it is doubtful that such person or thing exists.

> Buscamos **un** hotel que **tenga** habitaciones limpias.
> Necesito a **alguien** que **tenga** experiencia.

In the first example, the antecedent, **un hotel,** is indefinite. We are not sure that the hotel exists. On the other hand, if we say *Buscamos* **el** *hotel que* **tiene** *las habitaciones limpias,* the use of the definite article **el** tells us that such a hotel exists.

2. In negative sentences whose subject is indefinite:

> No conozco a **nadie** que **tenga** diez gatos.

3. In interrogative sentences when referring to someone or something indefinite, hypothetical or non-existent:

> ¿Hay **alguien** que **tenga** mucho dinero?

4. After certain conjunctions:

A conjunction introduces an adverbial clause. Certain conjunctions require the use of the indicative tense and others require the use of the subjunctive.

Conjunctions which require the *indicative*		Conjunctions which require the *subjunctive*	
porque	because	para que	in order that
puesto que	so that	a fin de que	so that
ya que	already	a menos que	unless
como (at the start of a sentence)	like, as	salvo que	unless
ahora que	now that	antes que	before
desde que	since	con tal que	provided that
		sin que	without
		en caso de que	in case of
		a condición que	on the condition of
		a no ser que	unless

Some conjunctions are used with either the indicative or the subjunctive. If the verb communicates information, the **indicative** is used. If the verb refers to an action or a condition that is uncertain or indefinite, or has not yet occurred, the **subjunctive** is used. There are three categories:

a. Time expressions: **cuando** *(when)*, **hasta que** *(until)*, **tan pronto como** *(as soon as)*, **en cuanto** *(regarding)*, **apenas** *(as soon as)*, **después (de) que** *(after)*, **al mismo tiempo que** *(at the same time)*, **a la vez que** *(at the same time)*, **mientras** *(while)*

> Apenas **llego** a mi casa, me **acuesto** en la cama.
> *As soon as I arrive home, I go to bed.*

> Apenas **llegue** a mi casa, me **acostaré** en la cama.
> *As soon as I (may) arrive home, I will go to bed.*

In the first example, the action occurs habitually. In the second example, the action may or may not occur in the future, but has not yet occurred.

b. Concessionary expressions: **aun si** *(even if)*, **aun cuando** *(even when)*, **aunque** *(although)*, **a pesar de que** *(in spite of)*, **pese a que** *(in spite of)*, **no obstante** *(however)*

The subjunctive is used if the action is indefinite or hypothetical; the verb in the main clause can be in the present, future or imperative.

> Aunque **haga** frío, nos **divertiremos**.
> *Although it may be cold, we will enjoy ourselves.*

> Aunque **hacía** frío, nos **divertimos**.
> *Although it was cold, we enjoyed ourselves.*

> Aunque **hace** frío, nos **divertiremos**.
> *Although it's cold, we will enjoy ourselves.*

c. Conditional or causal expressions: **como, donde, de modo que, de manera que, según.**

When used with the subjunctive, these conjunctions express a condition. When used with the indicative, they express a relationship of cause and effect.

> Iremos de manera que tú **puedas** comprar el vestido.
> *We will go so that you can buy the dress.*

> Fuimos de manera que tú **pudiste** comprar el vestido.
> *We went so that you could buy the dress.*

The Past Subjunctive

In order to form the imperfect subjunctive, begin with the third person plural of the preterite tense. Take off the ending **–ron** and add either of the following endings to this stem.

> lavar → lava**ron** → lava-**ra**/lava-**se**
> poner → pusie**ron** → pusie-**ra**/pusie-**se**

Below are the endings for the **imperfect subjunctive**. Note that there are two sets of endings. They are used according to the speaker's preference. In Latin America the second set of endings may occur more frequently in the written form.

	Ending 1	Ending 2
yo	-ra	-se
tú	-ras	-ses
usted/él/élla	-ra	-se
nosotros/as	´-ramos	´-semos
vosotros/as	-rais	-seis
ustedes/ellos/ellas	-ran	-sen

Uses of the Past Subjunctive

The imperfect subjunctive can be used in all of the situations mentioned previously, such as with verbs of volition, emotion, doubt, impersonal expressions, and with indefinite or non-existent antecedents.

> Le **aconsejó** que **jugara** al tenis.
> *She advised him to play tennis.*

> **Temía** que ellos no **pudieran** llegar.
> *He feared that they wouldn't be able to arrive.*

> **Dudaba** que **estudiaran** mucho.
> *She doubted that they studied a lot.*

> **Era necesario** que **llegaran** temprano.
> *It was necessary for them to arrive early.*

> **Buscaba** un hotel que **tuviera** habitaciones limpias.
> *You looked for a hotel that had clean rooms.*

1. The imperfect subjunctive is used with the verbs **querer, deber, haber,** and **poder** in order to soften requests or criticisms.

Quisiera pedirte un favor.	*I would like to ask for a favor.*
No **debiera** mentir.	*You shouldn't lie.*
Hubiera sido mejor decirte la verdad.	*It would have been better to tell the truth.*

2. Clauses with **si** (*if*) and **como si** (*as if*)

   "If" clauses can be used with either the indicative or the subjunctive. "If" clauses in the indicative tense indicate real conditions while "if" clauses in the subjunctive indicate unreal or contrary to fact conditions.

a. Actions in the present which indicate real conditions require the present, future or imperative.

Si + present	+ present indicative
	+ future indicative
	+ imperative

   Si hago la tarea, **puedo** jugar videojuegos con María y Pablo.
   If I do my homework, I can play video games with María and Pablo.

   Si estudio mucho, **me graduaré** con un buen promedio.
   If I study a lot, I will graduate with a good average.

   Si quieres dormir, **apaga** la luz.
   If you want to sleep, turn out the light.

b. Hypothetical or non-existent actions (*contrary to fact*) which refer to the past are expressed with the pluperfect subjunctive in the subordinate clause and the conditional perfect in the result clause.

   Si Gore **hubiera ganado** las elecciones, **habría sido** presidente.
   If Gore had won the election, he would have been president.

c. Possible present and future actions require the use of the imperfect subjunctive in the subordinate clause and the conditional in the result clause.

   Si **tuviera** mucho dinero **compraría** un auto nuevo.
   If I had a lot of money, I would buy a new car.

   Si **hablara** español bien, todo el mundo me **entendería**.
   If I spoke Spanish well, everyone would understand me.

3. In sentences that use the expression, **como si** *(as if)*, the imperfect subjunctive is used to refer to the present time frame and the pluperfect is used to refer to the past time frame.

   como si + imperfect subjunctive/pluperfect subjuntive

   Habla **como si** fuera un dictador.
   He speaks as if he were a dictator.

   Se porta **como si** hubiera ganado las elecciones.
   He acts as if he had won the election.

RECUERDA

The sequence of tenses is as follows:

If the main clause verb is in the present, present perfect, future indicative, or imperative, then the dependent clause verb must be in the present or present perfect subjunctive.

> **Voy** a Costa Rica con tal de que **vengas** conmigo.
> *I am going to Costa Rica provided you come with me.*

> Nunca **he creído** que mis amigos **hayan ido** al Perú.
> *I never believed that my friends have gone to Peru.*

> **Iré** a las Islas Canarias a menos que no **tenga** dinero.
> *I will go to the Canary Islands unless I have no money.*

> **Ve** a México, D.F. siempre que **tengas** tiempo.
> *Go to Mexico whenever you have time.*

If the main clause verb is in the preterit, imperfect, conditional, or pluperfect indicative, then the dependent clause verb must be in the imperfect subjunctive or in the pluperfect subjunctive.

> Mis padres **permitieron** que yo **fuera** a las Islas Canarias.
> *My parents allowed me to go to the Canary Islands.*

> Mis amigos **querían** que yo **asistiera** a las clases de español con ellos.
> *My friends wanted me to attend Spanish classes with them.*

> Mi madre no me **daría** permiso para viajar salvo que **pudiera** venir conmigo.
> *My mother wouldn't give me permission to travel unless she could come with me.*

> Mis amigos **se habían alegrado** mucho de que yo **hubiera podido** ir con ellos.
> *My friends were very happy that I had been able to go with them.*

 ## Práctica de gramática y vocabulario

7-33 Escribe una oración original con cada una de las siguientes conjunciones.

1. A menos que: _____
2. Antes de que: _____
3. Con tal de que: _____
4. En caso de que: _____
5. Sin que: _____
6. Cuando (indicativo): _____
7. Tal vez (subjuntivo): _____
8. Aunque (subjuntivo): _____

7-34 ¿Qué te dijeron tus padres que hicieras mientras estabas en otro país? Conjuga el verbo en infinitivo. Usa el imperfecto del subjuntivo.

EJEMPLO: Mis padres me dijeron que… hablar por teléfono
*Mis padres me dijeron que les **hablara** por teléfono.*

1. …comer comidas exóticas
2. …no beber mucho
3. …no usar gorra dentro de las casas o restaurantes
4. …no hablar mal de las personas locales
5. …no gastar mucho dinero

7-35 El agente de viajes les ha dado a ti y a tus amigos una serie de instrucciones antes del viaje. Usando el imperfecto del subjuntivo expresa lo que el agente les ha dicho. Inventa nombres para tus amigos/as.

EJEMPLO: comprar un mapa
Les dijo a Juan y a sus amigos que compraran un mapa.

1. comprar valijas grandes y duraderas
2. ponerse las vacunas necesarias
3. comprar medicinas con anticipación
4. renovar el pasaporte
5. averiguar cómo obtener una visa
6. leer todo sobre la región
7. llegar a tiempo al aeropuerto

7-36 Acabas de regresar de viaje pero tu amigo José ha decidido quedarse en el país extranjero y te ha encargado unos recados para sus padres y sus amigos. Ayuda a José a compartir estos recados.

EJEMPLO: A María: Quiero que le des un beso.
José me dijo que te diera un beso.

1. A su madre: Quiere que le envíe dinero.
2. A su padre: Es una lástima que no pueda ir a visitarlo.
3. A su hermana: Es necesario que le escriba.
4. A su hermano: Duda que vuelva pronto.
5. A su novia: Quiero que le digas que la extraño.

7-37 Termina las siguientes oraciones de una manera original.

1. Yo iría a Cancún si...
2. Nosotros iríamos en un crucero si...
3. Participaría en el programa *Survivor* si...
4. Mis amigos y yo visitaríamos el Amazonas si...
5. Escalaría el Aconcagua si...
6. Si tuviera un millón de pesos...
7. Si consiguiera un compañero de viaje...
8. Si no tuviera tantas deudas...
9. Mis profesores me hablan como si...
10. Mis padres me trataron como si...
11. Buscaba un apartamento que...
12. No hay nadie que...
13. ¿Hay alguien que...?

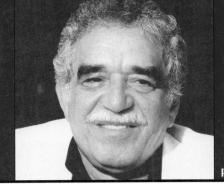

Culturama

CAPÍTULO

8

VOCABULARIO

La música

El grabado

El cine

Los autores, su vida y su
literatura

GRAMÁTICA

Expresiones idiomáticas con **poner,**
tener, dar y **hacer**

Otras expresiones idiomáticas

Los tiempos progresivos

DESTREZAS

Cómo hablar del arte,
de la literatura, de la música
y del cine

A comenzar

8-1　Ve al sitio *www.prenhall.com/quiosco*. Observa el tipo de publicidad y los programas de televisión que se pueden ver en esta cadena nacional. Al día siguiente, comenta en clase qué programas aparecieron en este sitio, tu opinión sobre los mismos y si hay programas similares en los canales de habla inglesa. Para finalizar, habla con un/a compañero/a sobre el impacto que la cultura latina tiene en los avisos publicitarios de los Estados Unidos.

A mirar: Cartelera

Una historia de Alex Aguilar, ganador de un Óscar por "Las historias de mi madre".

Soledad compartida

Ángeles Caballero actúa en una historia de pasión, fuerza y tenacidad digna de ser considerada la mejor película del año.

Soledad compartida

ARTES ESPAÑOLAS presenta una producción de MERCURIO FILM

Una película de ALEX AGUILAR, dirigida por PEDRO VALENTE, con ÁNGELES CABALLERO, MIGUEL BLANCO, MARISA ECHEVARRÍA, MARTA CADENAS, MARCOS MADRID, RAMON ALCÍBAR y ÁNGEL ÁLVAREZ.

Escrita por ALEJANDRO CEBALLOS y basada en la novela "Cien años de unión".

Publicada por GERARDO CUEVAS Editor

Música compuesta orquestada y dirigida por MICHAEL LOECHEL

Director de fotografía MANUEL CABALLERO

Diseño de producción MAMEN BARRÁGAN

Diseño de vestuario JULIA MARTÍN
Editor MAURICIO GARCÉS

Casting por PRODUCCIONES CINEMA
Supervisor de efectos visuales DAVID URRUTI
Productor ejecutivo JAIME TORRES
Producida por MERCURIO FILM
Producción ejecutiva CHELO

Clasificada para mayores de 18 años.

ESTRENO EL 12 DE DICIEMBRE DE 2002

8-2 Contesta las siguientes preguntas según la información que se incluye en el anuncio.

1. ¿Qué premio ha recibido esta película?
2. ¿Quién es el director?
3. ¿Cuándo se estrena?
4. ¿Cómo está clasificada?
5. ¿En qué novela está basada esta película?

Música: Presuntos Implicados

 A pensar

8-3 En parejas, contesten las preguntas siguientes.

1. ¿Se puede hablar de música tradicional en los Estados Unidos? ¿Cuál es?
2. ¿En qué lugar de los Estados Unidos se escucha más este tipo de música?
3. ¿Has escuchado un bolero alguna vez? ¿Conoces a algún cantante de boleros? ¿De dónde es?
4. ¿Sabes quién es Luis Miguel? ¿Has escuchado su música? ¿Qué opinas de él?

 A aprender y aplicar el vocabulario

reúne: junta, agrupa

las canciones: melodías, coplas, tonadas

en la medida de lo posible: si se puede

ha hecho un paréntesis: ha abandonado lo que estaba haciendo temporalmente

la carrera: profesión, estudios

rondando: dando vueltas, girando

recopilando: reuniendo, coleccionando

irrepetible: que no se puede repetir

entregado: dado, dedicado

quedado con ganas: haber querido hacer algo y no haber podido

matar el gusanillo: aquietar las ambiciones

el reto: el desafío

el riesgo: el peligro

sonaran: tocaran el mismo sonido, se asemejaran

desvirtuar: alterar, manipular, cambiar a peor

soporta: sostiene

echar de menos: extrañar

se rompe: se divide, se quiebra

intervenido: tomado parte, participado, mediado

tonalidades: voces, tonos musicales

aportar: contribuir

Presuntos Implicados:

«El bolero es el soul latino»

El último trabajo de Presuntos Implicados, "Versión Original", reúne canciones por las que el trío valenciano siente especial cariño. Es un trabajo cuyo objetivo es difundir, en la medida de lo posible, el bolero y el soul.

Habituado a componer sus propias canciones, Presuntos Implicados ha hecho un paréntesis en su carrera musical para sacar al mercado un disco de versiones que llevan el título de "Versión Original". Son canciones de siempre aunque, inevitablemente, llevan el sello personal del trío valenciano.

Pregunta: *¿Por qué "Versión Original"?*

Respuesta: Es una idea que nos venía rondando desde hace tiempo. En nuestro grupo somos tres autores y siempre tenemos superávit de canciones, pero eso no impide que de vez en cuando interpretemos melodías de otras gentes, como pura diversión. Llevábamos tiempo recopilando esas canciones que hemos recordado tantas veces.

P: *¿Cómo ha resultado trabajar con gente como Armando Manzanero o Toquinho?*

R: Teniendo en cuenta que nos sentíamos admiradores

de ellos, ha sido una experiencia irrepetible. Con Armando Manzanero estuvimos una semana trabajando y todo fue muy fácil, porque él estaba tan entregado a este proyecto como nosotros.

P: *En el disco hay tres canciones vuestras, ¿no os habéis quedado con las ganas de incluir alguna más?*

R: Estas tres canciones nos han servido para matar el gusanillo de compositores. Queríamos ver cómo se sentían nuestras canciones dentro de un repertorio así.

P: *Interpretar canciones como "Esta tarde vi llover" o "Te recuerdo Amanda", ¿ha supuesto un reto o un riesgo?*

R: Es a la vez un reto y un riesgo. Buscábamos conseguir que sonaran a Presuntos Implicados y esto era peligroso, porque son canciones que todo el mundo conoce y que había que respetar y, sobre todo, no desvirtuar.

P: *Una de las canciones estrella de "Versión Original" es "Te esperaré", que*

aparece en dos versiones— una de ellas interpretada con Armando Manzanero—¿Por qué dos versiones?

R: En la voz de Sole, una de las integrantes del grupo, la canción ha cogido un ritmo muy soul, ha resultado ser una especie de bolero-soul. Y es que, como dice el famoso músico Joaquín Sabina, el bolero es el *soul* latino. Respecto a la otra versión, queríamos hacer algo con Armando y esta canción soporta muy bien el ser interpretada a dos voces. La verdad es que Armando es un artista que no está considerado como debería, ha sido un revolucionario de la música en español al que echaremos mucho de menos cuando deje de cantar.

P: *Todo el disco sigue una línea que parece que se rompe con "Vereda tropical"…*

R: Es una canción de excepción en un disco de excepción. Está tratado como un tema de *bigband* adaptado a un ritmo de base caribeña. Además, es la canción favorita de todos los "anglos" que han intervenido en el proyecto.

P: *Otra de las canciones destacadas de "Versión Original" es "Nadie como tú", con Pancho Céspedes, una canción muy sencilla pero a la vez muy bella.*

R: Su belleza está precisamente en su sencillez. Cuando Pancho nos enseñó un par de canciones enseguida supimos cuál iba a ser la elegida. Además, la posibilidad de que Pancho estuviera para interpretarla a dos tonalidades, ha dado lugar a una canción de gran belleza.

P: *¿Y qué hay del próximo disco?*

R: "Versión Original" es algo excepcional en nuestra carrera. Lo más probable es que un próximo disco esté compuesto por canciones nuevas. Nos gusta hacer canciones, aunque componer es la parte más dura de este trabajo, tener que crear algo cuando sólo tienes un papel en blanco.

P: *¿Tenemos Presuntos Implicados para rato?*

R: Mientras tengamos cosas que decir y que aportar seguiremos adelante.

8-4   Busca los sinónimos apropiados para completar el crucigrama acróstico.

1. reúne: _ _ _ _ _ A
2. cambiar a peor: _ _ _ _ _ _ _ _ _ R
3. canciones: M _ _ _ _ _ _ _
4. contribuir: A _ _ _ _ _ _
5. tonalidades: _ _ N _ _
6. quebrarse: D _ _ _ _ _ _ _
7. desafío: _ _ _ O
8. sonaron: T _ _ _ _ _ _
9. reto: _ _ _ _ _ O
10. romperse: Q _ _ _ _ _ _ _
11. carrera: _ _ _ U _ _ _ _
12. soporta: _ _ _ _ I _ _ _
13. rodando: _ _ _ _ N _ _
14. extrañar: _ _ H _ _ _ _ _ _ _ _ _
15. entregado: _ _ _ O

A comprender

8-5   Contesta las siguientes preguntas según el artículo.

1. ¿Qué es "Versión Original"?
2. ¿De dónde es originalmente este grupo?
3. ¿Por qué decidieron hacer este disco?
4. ¿Quiénes son Armando Manzanero y Toquinho?
5. Menciona algunas de las canciones del CD.
6. ¿Por qué hay dos versiones de la canción "Te esperaré"?
7. Según el artículo, ¿cuál es la canción favorita de los "anglos"?
8. ¿Sacarán otro disco Presuntos Implicados? ¿De qué tipo de música?

A hablar

8-6   En parejas, preparen una pregunta que corresponda a cada una de estas respuestas y después practiquen con su compañero/a. Puede haber varias posibilidades.

E1:   ¿_____?
E2:   Sí, he escuchado a Toquinho en el Carnaval de Río de Janeiro.
E1:   ¿_____?
E2:   No, no me gustó mucho. No pude entender lo que cantaba porque era en portugués.
E1:   ¿_____?
E2:   No, no sé nada sobre Armando Manzanero, sólo sé que nació en Mérida.
E1:   ¿_____?
E2:   Mérida queda en México.
E1:   ¿_____?
E2:   Sí, he escuchado boleros, pero no cantados por Manzanero, sino por Luis Miguel.
E1:   ¿_____?
E2:   Sí, creo que es una buena idea ir al concierto de Armando Manzanero.

 ## A escribir

8-7   Ve a la Red al sitio *www.prenhall.com/quiosco*. Busca una canción de Armando Manzanero y escúchala. En ese sitio también puedes obtener la letra de las canciones. ¿Te gustó la canción que escuchaste? Escribe tu opinión. ¿Qué opinas de este tipo de música? ¿Lo puedes comparar al de algún/a cantante de los Estados Unidos?

Arte: Los secretos del grabado

 ## A pensar

8-8   En parejas, contesten las siguientes preguntas.

1. ¿Qué actividades haces en tu tiempo libre?

2. ¿Te dedicas a los deportes, al arte, a los juegos de mesa o pasas la mayor parte del tiempo frente a la computadora?

3. ¿Te interesaría tomar clases de arte, pintura, dibujo, grabado, escultura, etc.? ¿Por qué?

A aprender y aplicar el vocabulario

el grabado: la técnica de labrar en madera o metal

el taller: curso, seminario

desvelar: mostrar, revelar

los trucos: las maneras fáciles de hacer algo

vía libre: camino libre

renaciendo: volviendo a nacer

el instrumental: los elementos que se necesitan para hacer algo

el aprendizaje: el proceso de adquisición de conocimiento

los alumnos: los estudiantes

bañada: cubierta, recubierta

el olor: la fragancia, el aroma

las pautas: las reglas

meticuloso: cuidadoso, exacto

el espejo: lugar donde una persona puede ver su reflejo

el aguarrás: producto químico para quitar la pintura y la grasa

palpar: tocar

medie: intervenga, se interponga

la incisión: el corte

el surco: la ranura

la tinta: el líquido que se usa para escribir

se perfila: se traza, se hace

el acero: un metal

el trazo: la línea, el rasgo

Los secretos del GRABADO

El interés por el arte del grabado está aumentando debido, en gran parte, a su gran difusión durante los últimos años. En los cursos de verano de El Escorial, el pintor José Hernández está dirigiendo un taller de grabado, en el que explica técnicas, da consejos, desvela trucos y deja a los alumnos vía libre para investigar.

Históricamente, el arte del grabado en España siempre ha estado relegado a un segundo plano. Sin embargo, el interés por esta técnica parece estar renaciendo en los últimos años gracias, sobre todo, a una mayor difusión de la misma. Los principios no han cambiado mucho pero los procedimientos, el instrumental y la calidad sí. La técnica está siendo adaptada a los nuevos tiempos, a las nuevas modalidades del arte y a las nuevas formas de expresión.

Los talleres son el principal foco de difusión del arte del grabado. Buscando siempre la combinación del aprendizaje con la práctica, los alumnos tienen aquí vía libre para investigar y probar todo tipo de técnicas. Así está funcionado el taller del pintor José Hernández, miembro de la Real Academia de Bellas Artes de San Fernando.

En una habitación bañada por el fuerte olor del ácido, José Hernández explica a sus alumnos algunos trucos y pautas para hacer grabados: "Lo primero que hay que saber es que un buen grabador se distingue por lo meticuloso y ortodoxo que sea en el oficio."

El primer paso para comenzar un grabado es limpiar y desengrasar bien las planchas -que pueden ser de metal (cinc o cobre) o de espejo pulido- y para ello se utiliza aguarrás, amoniaco y blanco de España (un polvo de yeso que mezclado con amoniaco arrastra cualquier tipo de suciedad).

Pero cuidado, no se deben poner los dedos en la superficie de la plancha porque la grasa de las huellas dactilares impide la posterior fijación del barniz. Para evitarlo, se pueden utilizar guantes, aunque al maestro Hernández no le gustan. Él prefiere palpar su obra: "no quiero que nada medie entre mi trabajo y yo".

Una vez limpia la plancha, es hora de elegir la técnica de grabado. Existen dos: la primera consiste en hacer una incisión con la punta de acero sobre un metal pulido, lo que produce un surco que posteriormente se llenará de tinta.

En el caso del aguafuerte, la plancha se recubre de barniz, y cuando éste se seca, sobre él se perfila el dibujo con la punta de acero. Seguidamente la plancha se sumerge en ácido, y al entrar éste en la línea del dibujo, marca y profundiza el surco.

Una vez hechos los surcos, y esto se hace en ambas técnicas, se pinta la plancha con tinta calcográfica, la cual penetrará en el surco. Luego, sobre la plancha se pone un papel humedecido y se prensa quedando así grabado el dibujo en el papel. Al tacto, el trazo resultante es apreciable porque está en relieve.

En realidad, el grabado no es difícil, sólo hay que poner empeño y elegir qué procedimientos y materiales se prefieren. Con un mínimo de aptitud y cierto grado de imaginación se puede practicar esta técnica que, sin proponérselo, pone a prueba todos nuestros sentidos.

A escribir

8-9   Imagina que no tienes tiempo para ir a la tienda que vende artículos de arte. Escribe una pequeña nota para que un/a compañero/a te compre los elementos que necesitas. Primero, haz una lista de los elementos que tienes que comprar para tu clase de grabado. A continuación, escribe una nota agradeciéndole el favor.

8-10 Completa los espacios en blanco con las palabras adecuadas de la lista de vocabulario a continuación.

   trucos   taller   aprendizaje   alumnos   meticuloso   olor

Mañana comenzaré mis clases de pintura. Voy a ir al (1) _____ del maestro Figueroa, para que me enseñe algunos (2) _____. Sé que el (3) _____ va a ser difícil porque él es muy (4) _____. Tengo que comprar una máscara porque el (5) _____ de su taller es muy intenso debido a los químicos que debemos usar.

 ## A comprender

8-11 Contesta las siguientes preguntas.

1. ¿Por qué está aumentando el interés por el grabado en España?
2. ¿Dónde enseña José Hernández y qué tipo de clase es la suya?
3. ¿Qué cosas han cambiado en esta técnica?
4. ¿Por qué son importantes los talleres?
5. Según Hernández, ¿qué cualidades debe tener un grabador?
6. ¿Cuáles son los pasos a seguir para producir un buen grabado?

A hablar

8-12 En parejas, observen los avisos sobre cursos de arte y decidan qué clase les gustaría tomar y expliquen por qué. Luego, hablen sobre sus horarios y cuándo tendrán tiempo para asistir.

EJEMPLO: E1: *¿Te gustaría asistir a...?*
E2: Sí, pero tendría que consultar mi horario...

Clase:
Introducción a la pintura al óleo

Profesor:
María Consuelo Paz

Lugar:
Pabellón Universitario

Hora:
a las 18:00 hrs.

Días:
Lunes, miércoles y viernes

Matrícula: 50.00 pesetas

Clase:
Fotografía
Profesor:
Norberto Correa

Lugar:
Pabellón Universitario

Hora: de 20:00 a 22:00 hrs.

Días: Martes y jueves

Matrícula: 75.00 pesetas

• grabado • grabado • grabado • grabado •

Clase:
Introducción al grabado

Profesor: Héctor Olivares
Lugar: Pabellón Universitario
Hora: De 14:00 a 16:00 hrs.
Días: Sábados y domingos
Matrícula: 60.00 pesetas

• grabado • grabado • grabado • grabado •

 A escribir

8-13 Escoge a algún/a artista famoso/a por sus grabados en los Estados Unidos o en el mundo hispano. Escribe una biografía corta sobre el/la artista y si puedes, comparte sus grabados con la clase. Expresa tu opinión sobre los grabados y menciona si tuviste dificultad para encontrar la información.

Cine: María Luisa Bemberg: La mejor de todas

A pensar

8-14 En parejas, contesten las siguientes preguntas.

1. ¿Qué películas has visto últimamente?
2. ¿Conoces a alguna directora de cine famosa?
3. ¿Crees que el cine es un territorio típicamente masculino? Justifica tu opinión.

A aprender y aplicar el vocabulario

el **seno**: el centro

las **institutrices**: las profesoras particulares que educan a los niños, *governesses*

encolerizaba: enojaba

no estaba dispuesta: no iba a aceptar

el **guión**: documento que contiene el diálogo de una película

los **fervores**: el entusiasmo, las pasiones

la **ira**: el enojo

deja jirones: comparte sus experiencias, deja trozos de su propia vida

la **transfiguración**: la transformación

el **papel**: el rol

los **umbrales**: las puertas

la **enana**: persona muy baja, *dwarf*

la **mirada**: la vista

María Luisa Bemberg:
La mejor de todas

Nació en el seno de una de las familias más poderosas de Argentina; un ejército de institutrices se ocupó de instruirlos a ella y a sus hermanos Jorge, Eduardo, Fina y Malena. Se casó el 17 de octubre de 1945 con Carlos Miguens y tuvieron cuatro hijos. A ella le encolerizaba el autoritarismo machista tanto como la callada y cómoda resignación de las mujeres de su clase. No estaba dispuesta a negociar su libertad.

La creadora de Momentos (1980); *Señora de nadie* (1982); *Camila* (1984); *Miss Mary* (1986); *Yo, la peor de todas* (1990); *De eso no se habla* (1993) y *El impostor* (1995) escribió su primer guión a los 47 años y dirigió su primer largometraje a los 58. En todos sus largometrajes se oye su voz comprometida, están sus preocupaciones, sus fervores, sus iras y sus esperanzas. Su cine habla de ella y de sus historias. En su primera obra,

Momentos, una esposa se atreve a ser honesta; en la segunda, *Señora de nadie*, la amistad entre un homosexual y una mujer separada es un marco para observar la cultura patriarcal y represiva desde una perspectiva feminista; en la tercera, *Camila*, una mujer se juega la vida por desafiar las normas sociales y las instituciones religiosas. En todas, la directora deja jirones de su experiencia vital. Pero es *Miss Mary*, la más abiertamente autobiográfica, la que más se aproxima, por la época, por el ambiente y por detalles de la anécdota, a su propia historia.

María Luisa se puso a escribir sólo para hablar de lo que conocía y de lo que le preocupaba: la condición de la mujer. *La Margarita no es una flor* llegó a manos de Raúl de la Torre, un director argentino, y se convirtió en una transfiguración de la que no estaba muy convencida: *Crónica de una señora*. El paso siguiente fue *Triángulo de*

cuatro, que filmó Fernando Ayala, otro famoso director argentino, quien la familiarizó con la rutina del set. Se había atrevido a dirigir un cortometraje, *El mundo de la mujer*, y volvió a hacerlo en *Juguetes*, otro corto en el que se interrogaba sobre el papel de la mujer. Después llegó *Momentos* y el comienzo de otra etapa que la llevaría a los umbrales del Óscar con *Camila*. En *De eso no se habla*, una farsa de acento fellinesco, su personaje principal es Charlotte, una enana, metáfora de todo aquello que es diferente. María Luisa consiguió que Marcelo Mastroianni aceptara participar en este proyecto.

Antes de morir, en 1995, dejó en manos de su asistente Alejandro Maci su último proyecto, la adaptación de *El impostor* de la autora argentina Silvina Ocampo. María Luisa Bemberg sabía que había logrado hacer buen cine con la mirada de una mujer.

8-15 Completa las oraciones con una palabra del vocabulario que corresponda.

1. El _____ de la película está escrito en español.
2. Mary Poppins era la _____ de unos niños.
3. La _____ de la actriz fue radical.
4. El _____ del director es dirigir todos los aspectos de la película.
5. El personaje principal de la película *De eso no se habla* es una _____.

8-16 Busca por lo menos dos palabras que pertenezcan a la misma familia de cada una de las palabras a continuación.

EJEMPLO: la propaganda: *propagandista, propagador, propagandístico*

la ira: _____

el sosiego: _____

el fervor: _____

A comprender

8-17 Lee las siguientes frases e indica si cada una es cierta (C) o falsa (F) según el artículo. Después corrige las frases falsas.

1. _____ María Luisa Bemberg era pobre.
2. _____ Tuvo 3 hermanos.
3. _____ La encolerizaba el machismo.
4. _____ No hizo muchas películas.
5. _____ Los personajes centrales de sus películas eran mujeres de clase baja.
6. _____ Casi todas sus películas son autobiográficas.
7. _____ Con la película *Camila* ganó un Óscar.
8. _____ *Yo, la peor de todas* está basada en la vida del actor italiano Mastroianni.
9. _____ Alejandro Maci quedó a cargo de la película *El impostor*.
10. _____ Bemberg murió en 1995.

A hablar

8-18 En grupos de cuatro estudiantes hablen sobre las diferencias entre el cine producido en Hollywood y el cine extranjero. Hablen de sus gustos en películas, por ejemplo: si prefieren las de terror, las de ciencia ficción, las románticas, las del oeste, musicales, las de artes marciales, etc. ¿Qué película consideran la mejor de todos los tiempos? ¿Conocen alguna película extranjera que haya ganado un Óscar? ¿Prefieren ir al cine o alquilar videos? ¿Por qué?

A escribir

8-19 Sigue las siguientes instrucciones punto por punto para completar esta actividad.

1. Ve a la página de la Red *www.prenhall.com/quiosco* y busca información sobre tres películas argentinas. Lee la información y haz un resumen, en español, sobre el argumento de una de esas películas.

2. Escribe en un párrafo corto una reseña de una película que hayas visto recientemente.

Literatura: Isabel Allende: El exilio me hizo novelista

 ## A pensar

8-20 Habla de los siguientes temas con un/a compañero/a de clase.

1. ¿Qué sabes sobre Chile? ¿Quién es Augusto Pinochet y por qué es famoso?
2. ¿Qué sabes sobre la vida política de Salvador Allende?
3. ¿Conoces a otros escritores chilenos? ¿A cuáles?
4. ¿Conoces las obras de Isabel Allende? ¿Cuáles?

 ## A aprender y aplicar el vocabulario

la madrugada: el amanecer, el alba

el sable: la espada que usan los militares

el cobijo: el refugio

con una mano adelante y otra atrás: sin nada, sin dinero

al cabo de: al fin de

sin pisar: sin volver a

me asusté: tuve miedo

dar marcha atrás: volver

se concienció: tomo conciencia, se dio cuenta de

tenga que ver con: involucre, esté relacionado

me quiebro: me rompo

ir por partes: ir en orden

las herramientas: los instrumentos, los útiles

de pronto: de repente, sin pensar

desenfadada: fresca, alegre, desahogada

Isabel Allende:
El exilio me hizo novelista

A la dictadura de Pinochet hay que agradecerle que nos diera a Isabel Allende. Era una periodista más en Santiago. Había trabajado a la sombra, primero de la Democracia Cristiana de Eduardo Frei, y después, bajo el gobierno democrático de la Unidad Popular de su tío Salvador Allende. Pero, en la madrugada del 11 de septiembre de 1973, las Fuerzas Armadas y el Cuerpo de Carabineros salieron a la calle bajo el sable de Pinochet. Allende murió en el palacio de La Moneda. Tras de él, muchos de sus partidarios quienes evitaron la muerte o la cárcel, salieron para el exilio. Entre estos, en 1975, salió Isabel.

Dejó en Chile sus raíces. Buscó cobijo en Caracas… con una mano delante y otra detrás. A partir de aquel momento comenzó a crecer una nueva Isabel. Al cabo de unos años, el exilio hizo de ella una narradora de primera fila, una pluma que recogía el alma de un pueblo. Nunca pudo imaginar el dictador Pinochet que había provocado el nacimiento de la escritora más crítica contra su régimen. Trece años estuvo sin pisar suelo chileno. Regresó el 17 de diciembre de 1988, cuando la democracia había regresado de nuevo a su país.

"Yo viví con el apellido Allende durante un año en el Chile de Pinochet. Me metí en actividades de la oposición que estaban prohibidas por los militares, y lo hice sin saber las consecuencias. Cuando las vi, me asusté, pero ya no pude dar marcha atrás, tenía un compromiso moral." Se concienció de tal modo que pudo decir muchos años atrás: "Daría la vida por cualquier causa que tuviera que ver con la defensa de la libertad, por mi familia, aunque no la daría por mi país. Detesto todo aquello que tenga que ver con lo patriótico."

No daría la vida por Chile, pero no puede vivir sin él. Cada año viaja varias veces a su país, desde California, en donde vive. Del frío Pacífico Norte, en la bahía de San Francisco, al frío Pacífico Sur, el de isla Negra, en donde Pablo Neruda escribió la mayor parte de su obra. Isabel está casada desde hace diez

años con un abogado de Estados Unidos. Residen en Sausalito, que es un lugar privilegiado, una vez que se cruza el *Golden Gate*, camino del valle de Napa.

Isabel, al referirse a Neruda, ha contado que él "estuvo presente siempre en nuestra casa. Mi madre se casó con un diplomático cuando yo era muy chica. Estábamos por todo el mundo, siempre recordando un Chile idealizado, poetizado por Pablo Neruda." Porque Isabel creció lejos de su padre: "Nos abandonó. En todos mis libros salen padres ausentes o autoritarios. No soy capaz de crear un padre en literatura porque no lo tuve. Mi feminismo nació del abandono de mi padre. Y mi relación con los hombres ha sido de desconfianza, de independencia. He tenido grandes amores, pero jamás me he entregado completamente. Yo soy yo, ésa es mi seguridad. Adoro a mi esposo, pero no me quiebro si se va, para nada dependo de él."

Pero vayamos por partes. Estábamos en que Isabel era periodista. "Neruda me dijo que yo era la peor periodista del país… que me ponía en el centro de la noticia, que era incapaz de ser objetiva, que si no tuviera noticia la inventaría. Me aconsejó que me cambiara a la literatura, porque esos defectos en un periodista eran virtudes en un novelista." Pero el periodismo la ayudó mucho: "Me ha dado las herramientas para poder explotar la literatura. Me enseñó el manejo del lenguaje. Uno aprende al comienzo que tiene poco tiempo para captar al lector, agarrarlo y no dejarlo ir."

El camino del exilio pasaba por Venezuela, en donde pudo encontrar trabajo en la administración de un colegio. Se había formado por su cuenta. Leyó desordenadamente y un buen día comenzó a escribir las cosas que le contó su abuelo y así salió en 1982, *La casa de los espíritus*. De pronto el libro comenzó a venderse de tal modo que muy pronto se convirtió en *best-seller*. Luego escribió *Eva Luna*. A estas obras le siguieron *De amor y de sombra* (1984) y, años más tarde, *El plan infinito* (1992). En 1994 publicó *Paula*, basada en la vida de su hija. Con *Afrodita*, "un libro atípico sobre el tema de la sensualidad y la comida," Isabel Allende "empezó a reírse, a redescubrir el placer del juego, la ironía, la narración libre y desenfadada, que casi había olvidado en los últimos años." Recientemente ha publicado *La hija de la fortuna* y *Retrato en sepia*.

8-21 Sustituye las palabras subrayadas con palabras apropiadas del vocabulario.

1. Durante <u>el amanecer</u> del 11 de septiembre de 1973, el tío de Allende murió.
2. Isabel Allende tuvo que pedir <u>refugio</u> en Venezuela.
3. Dice que ya tiene <u>los instrumentos</u> que requiere para escribir.
4. Ahora puede vivir la vida de una manera <u>alegre</u>.

8-22 Empareja los elementos de la primera columna con los de la segunda.

1. sin pisar   a. darse cuenta
2. al cabo de   b. tener que ver con
3. concienciarse   c. asustarse
4. tener miedo   d. al fin de
5. involucrar   e. sin volver

 ## A comprender

8-23 Contesta las preguntas con frases completas, dando detalles en tus respuestas.

1. ¿Quién es Isabel Allende? ¿Dónde vive?
2. ¿Cuál fue su primera profesión?
3. ¿Por qué la dejó?
4. ¿Por qué fue necesario que Allende fuera a Venezuela para refugiarse en 1973?
5. ¿Dónde trabajó Allende en Chile?
6. ¿Qué le pasó al tío de Isabel el 11 de septiembre de 1973?
7. ¿Quién se convirtió en líder de ese país?
8. ¿Por qué en ese momento muchas personas se fueron al exilio?
9. Según Allende, ¿qué haría para defender la libertad y a su familia?
10. ¿Por qué frecuentó Pablo Neruda la casa de los Allende?
11. ¿Por qué Allende no incluye a hombres fuertes en sus obras?
12. ¿Cómo se refleja esto en su obra?
13. ¿Qué le aconsejó Neruda a Isabel Allende?
14. Según ella, ¿cuál fue la ventaja de haber sido periodista antes?

 ## A hablar

8-24 Con un/a compañero/a desempeñen los papeles de periodista e Isabel Allende. El/La periodista le pregunta a Allende sobre su vida, su exilio, su familia y su literatura.

EJEMPLO: E1: *¿Por qué no incluye personajes masculinos fuertes en su obra?*
E2: *Mi padre nos abandonó cuando era joven y por eso nunca tuve la oportunidad de observar este tipo de comportamiento.*

A escribir

8-25 Resume el artículo señalando los puntos importantes de la vida de Isabel Allende.

Viaje a la semilla de García Márquez

A pensar

8-26 Habla de los siguientes temas con un/a compañero/a de clase.

1. ¿Qué sabes de Colombia?
2. ¿Qué productos produce Colombia?
3. ¿Conoces a algún/una escritor/a colombiano/a? ¿A quién?
4. ¿Qué sabes de la *United Fruit Co.*?

A aprender y aplicar el vocabulario

desalentado: desanimado, deprimido

blindado: acorazado, enchapado

antibalas: de protección contra los disparos

el compinche de juerga: el compañero para ir a una fiesta

convidar: invitar

el guineo: la banana

el sindicalismo: referente a la asociación que ayuda a proteger a los
empleados de una empresa

la vaina: la molestia

el gringo: una palabra utilizada en Latinoamérica para referirse a personas
de origen inglés o estadounidense; suele tener una connotación despectiva

el vallenato: tipo de canción del valle colombiano que se toca con
acordeón, tambor y guaracha

la ballena: el mamífero más grande del mundo que vive en el océano

la guaracha: un instrumento que los indios usaban para imitar a los pájaros

renunciar: abandonar un trabajo o un puesto

el terciopelo: tipo de tela, *velvet*

colorado: rojo

los cachacos: personas presumidas

los costeños: gente de la costa

los antillanos: gente del Caribe, los caribeños

se agachaba: se encogía, se acurrucaba

emplazar: colocar

inundada: con mucha agua

arrasar: destruir

las cenizas: lo que queda después de un fuego

las estirpes: las castas

los bohíos: casas muy rudimentarias, ranchos

Viaje a la semilla de García Márquez

Como Carlos Gardel o Pelé, la de Gabriel García Márquez es una parábola del niño nacido en la pobreza que llega a la fortuna y la fama, para la gloria de su pueblo, Colombia.

En la actualidad, Colombia es un país desalentado y sin héroes, con 200 secuestros y 2.000 muertos por mes, donde lo único que a veces anda bien es la selección de fútbol. Los que dicen que es exagerado asegurar que el escritor está condenado a muerte, no explican por qué. Vive escondido, viaja en un coche blindado a prueba de bombas, con vidrios antibalas, y una custodia de más de seis hombres. "Gabo (su sobrenombre) es un líder mundial, presentó a Pastrana y Fidel Castro, hizo restablecer las relaciones cubano-colombianas, Clinton lo invitó a la Casa Blanca, fue amigo de Noriega y compinche de juerga de Torrijos, lo visitó Felipe González y estuvo con el Papa en Cuba: Matarlo a él es liquidar a Colombia" dijo uno de sus amigos, que prefiere quedar anónimo, en el selecto restaurante La Vitrola, en Cartagena.

Gabriel García Márquez suele decir que recién escribió *Cien años de soledad*, su obra máxima, el día en que se dio cuenta de que "no sólo mi abuela, sino todos los colombianos vivimos en una suprarrealidad." Y dice que en su país todo es posible, que hace poco tiempo, en Cartagena, encontró a un hombre que vendía unos pequeños cocodrilos en un balde con agua. "¿Son de verdad o son de plástico?", le preguntó. "Las dos cosas," contestó el vendedor seriamente. García Márquez cuenta que su abuelo vio como un colombiano, en Aracataca, convidaba a un norteamericano con un guineo (banana); eso atrajo a la *United Fruit*, la empresa trajo el tren, el monopolio trajo la explotación y la injusticia al sindicalismo, y la lucha llevó a la muerte y a que esa misma compañía se marchara y a que el abuelo de García Márquez se quejase: "Miren la vaina que nos hemos buscado, no más por invitar a un gringo a comer guineos."

Y algo más para entender a Colombia y a García Márquez: el vallenato. No el hijo de la ballena, sino la música de los valles de este país. Es un relato cantado y se toca con tres razas: acordeón europeo, tambor africano y la guaracha que usaban los indios para imitar a los pájaros. Se baila en una tierra en la que el invierno no figura y donde el otoño, para quedarse un poco, se disfraza de oro. Dicen que cuando el baile se arma, Dios tiene ganas de renunciar y de ser hombre un rato, mientras los pescadores alzan del mar sus redes con milagrosos peces de terciopelo colorado: "Si me preguntan por la novela, digo que yo sólo puse cien años de vida de Aracataca en un vallenato" dice García Márquez.

Macondo (pueblo ficticio donde se desarrolla *Cien años de soledad*), al igual que Aracataca, fue despedazado por "el progreso." La *United Fruit* llegó en 1905 y trajo cachacos, costeños, antillanos, prostitutas y la ciudad, con leyendas de Dorado bananero, se convirtió en Babel. De 1.200 habitantes llegó a 10.000. Y los carnavales de 1915 fueron de realismo mágico: alfombraban casas (con 40 grados a la sombra), encendían cigarros con billetes de cinco pesos y ya nadie se agachaba a levantar un dólar. Vinieron dirigentes sindicales, representantes de la "madre Rusia", anarquistas, llegó la huelga y un acto obrero en el pueblo vecino de Ciénaga. Pero años más tarde la *United Fruit* se fue, el agua devoró las canchas de tenis, arrasó hasta con la última semilla de vida y Aracataca, inundada, se convirtió en Macondo, bajo las cenizas y el olvido: "Porque las estirpes condenadas a cien años de soledad no tienen una segunda oportunidad sobre la tierra."

En la puerta de los bohíos en Colombia se pueden ver hoy a chicos que, como Rebeca Buendía en la novela, comen tierra. Pero no es "realismo mágico", en verdad se trata de geofagia, una enfermedad que lleva al desnutrido a buscar instintivamente minerales. Por las calles andan seres alucinantes, semidesnudos, que levantan apenas sus puños débiles al cielo. Entre ellos surgen los cuatro puntos cardinales que generan e inclusive anteceden la obra y la magia de Gabriel García Márquez: el sexo y la selva, la guerra y el hambre.

Reprinted with permission of *Revista Nueva*, Buenos Aires, Argentina.

8-27 Basándote en la lista de palabras, escribe por lo menos dos palabras más, que pertenezcan a la misma familia de cada una de las palabras siguientes.

1. desalentar: _____
2. sindicalismo: _____
3. colorado: _____
4. el vallenato: _____
5. convidar: _____
6. renunciar: _____
7. difundir: _____
8. acosar: _____
9. abofetear: _____

8-28 Busca un sinónimo del vocabulario para cada palabra subrayada y vuelve a escribir la frase utilizando ese sinónimo.

1. El pueblo está <u>deprimido</u>.
2. García Márquez tiene en su coche ventanillas <u>que resisten los tiros</u>.
3. <u>Los compañeros</u> son personas con quienes se puede tener una fiesta.
4. <u>Una canción típica colombiana</u> resulta de una mezcla de tres razas.
5. En Colombia <u>la banana</u> atrajo a la *"United Fruit"*.
6. La *"United Fruit"* atrajo <u>a gente de los Estados Unidos</u>.
7. <u>El instrumento que usaban los indios para imitar a los pájaros</u> es también popular hoy en día.
8. <u>Los caribeños</u> vienen de las Antillas.

 A comprender

8-29 Contesta las siguientes preguntas según el artículo.

1. ¿En qué circunstancias nació García Márquez?
2. ¿Cuál es su apodo?
3. Describe la historia de la compañía *United Fruit* en Colombia.
4. ¿Qué es el vallenato?
5. Explica lo que significa "Miren la vaina que nos hemos buscado, no más por invitar a un gringo a comer guineos".
6. ¿Por qué escribió García Márquez "Cien años de soledad"?
7. ¿Qué entiendes por geofagia?

 A hablar

8-30 En parejas, basándose en la información presentada en el artículo, preparen ocho preguntas que le harían al escritor colombiano si tuvieran la oportunidad de conocerlo. Luego, traten de responderlas.

EJEMPLO: *¿Cómo fue su niñez en Colombia?*

 A escribir

8-31 Investiga la vida política de una de las personalidades mencionadas en el artículo (Pastrana, Fidel Castro, Noriega, Torrijos o Felipe González). Luego, escribe un informe breve y preséntalo a la clase.

A divertirnos: ¿Quién es?

8-32 La clase se divide en grupos de cuatro o cinco estudiantes. Un/una estudiante de cada grupo selecciona un personaje famoso sin decir su nombre. Los estudiantes restantes deben hacerle preguntas que sólo se pueden contestar con "sí" o "no". No traten de adivinar el nombre con la primera pregunta; es mucho más lógico tratar de enterarse de algunos hechos y darse cuenta poco a poco de quién se trata. El/La que adivine la identidad será el nuevo seleccionador. En caso de que los adivinadores no puedan adivinar, el/la profesor/a nombrará a otro representante. Todos los integrantes del grupo deben seleccionar una vez.

EJEMPLO: *¿Es un hombre o una mujer?*
¿Murió en este siglo o el siglo pasado?
¿Era italiano/a?

 A escuchar: Mercedes Sosa

8-33 El/La profesor/a va a leer un párrafo sobre la vida de la cantante argentina Mercedes Sosa. Escuchen atentamente y completen la información que falta en el texto. Si desean escuchar algunas de las canciones de Mercedes Sosa vayan a *www.prenhall.com/quiosco.*

La cantante Mercedes Sosa es una de las mejores _____ del

movimiento de la nueva trova. _____ en Tucumán, Argentina, y comenzó

su carrera profesional a los _____ _____. Se la conoce como "la voz de la

masa" por sus canciones con mensaje _____. La "Negra", como

_____ _____ la llaman sus seguidores, tuvo muchos problemas con la

dictadura militar que asumió el poder en Argentina en 1976. Fue arrestada durante

una ____ _____ _____ y por esta razón en 1979 partió a

Francia donde permaneció por 3 años. En _____ regresó a Argentina y ésta fue

la época de su _____ _____discográfica. En el año 2000 Sosa

_____ un *Grammy* por su álbum folklórico "La Misa Criolla."

Explicación gramatical

This section is intended as a reinforcement of the grammar used in the readings of this chapter. The section will help you clarify the grammar points you have trouble with and review the grammar you already know. It will also provide you with opportunities for more practice.

Common Idiomatic Expressions

The following idiomatic expressions are used commonly throughout the Spanish-speaking world. Idiomatic expressions with the verbs **poner**, **tener**, **dar**, and **hacer** are listed first. A list of other common expressions follows.

1. Poner:

> **poner en duda:** dudar de algo
> **poner en peligro:** causar riesgo
> **poner peros:** crear excusas usando repetidamente la palabra "pero"
> **poner el grito en el cielo:** criticar, estar muy enfadado, quejarse de algo

2. Tener:

> **tener chispa:** ser animado, ser divertido
> **no tener pelos en la lengua:** hablar con franqueza

3. Dar:

> **dar en el clavo:** ser preciso, hablar con exactitud
> **dar marcha atrás:** volver atrás
> **dar ánimo:** animar, estimular

4. Hacer:

> **hacer caso:** prestar atención
> **hacerse el/la tonto/a:** fingir estupidez
> **hacer(se) la vista gorda:** no involucrarse en algo
> **hacérse la boca agua:** desear algo con muchas fuerzas.

5. Other expressions:

> **a la larga:** después de mucho tiempo
> **al fin y al cabo:** al final
> **al pie de la letra:** punto por punto, paso por paso, de forma exacta
> **algo por el estilo:** una cosa similar
> **caerle bien/mal a uno:** llevarse bien/mal con alguien
> **con las manos en la masa:** ver a alguien en el momento en que comete un error o un acto indeseado
> **echar de menos:** extrañar
> **entre la espada y la pared:** estar en una situación difícil
> **estar hasta la coronilla de:** estar harto
> **sudar la gota gorda:** poner mucho esfuerzo

The Progressive Tenses

In order to form the progressive tenses in Spanish, it is necessary to use a helping verb such as **estar** plus the **gerund** (present participle). Verbs whose infinitives end in -**ar** form the gerund by dropping their ending and adding : -**ando**. All verbs ending in -**er** or -**ir** drop the infinitive ending and add: -**iendo.**

Verbs whose infinitives end in -**er** or -**ir** and are directly preceded by a vowel, change the -**i** of the present participle ending to a -**y.**

caer:	**cayendo**
creer:	**creyendo**
ir:	**yendo**
leer:	**leyendo**
oír:	**oyendo**

When forming the irregular participles, remember that -**ir** verbs which take a stem-change in the present tense, will change -**e** to -**i** and -**o** to -**u** in the stem of the verb.

decir:	**diciendo**
dormir:	**durmiendo**
mentir:	**mintiendo**
morir:	**muriendo**
pedir:	**pidiendo**
poder:	**pudiendo**
servir:	**sirviendo**
venir:	**viniendo**

In Spanish the progressive tenses indicate that the action of the verb is in progress at a specific moment: **está** (present), **estaba** (imperfect), **estuvo** (preterit), **estará** (future), **estaría** (conditional).

The following verbs also may be used as helping verbs with the progressive tenses: **seguir, continuar** + gerund. These are generally used in the present progressive.

Yo **continúo viendo** la televisión.
Ella **sigue mirando** la película.

	Present	Imperfect	Preterit	Future	Condicional	
yo	estoy	estaba	estuve	estaré	estaría	
tú	estás	estabas	estuviste	estarás	estarías	
él/ella/Ud.	está	estaba	estuvo	estará	estaría	+ -ando/-iendo
nosotros	estamos	estábamos	estuvimos	estaremos	estaríamos	
vosotros	estáis	estábais	estuvisteis	estareis	estaríais	
ellos/ellas/Uds.	están	estaban	estuvieron	estarán	estarían	

Práctica de gramática y vocabulario

8-34 ¿Qué expresiones idiomáticas usarías para expresar lo siguiente? Escríbelas a continuación. Luego usa cada expresión en una oración.

　　1. estar harto/a:　_____

　　2. extrañar:　_____

　　3. estar muy enfadado/a:　_____

　　4. poner mucho esfuerzo:　_____

　　5. estar en una situación difícil:　_____

　　6. no involucrarse en algo:　_____

8-35 Tú estás hablando con tus amigos en la residencia universitaria. Usando el presente progresivo explica qué están haciendo las siguientes personas.

　　1. Alejandro/ir/al cine

　　2. Marisa/volver/de una exposición de arte en el museo

　　3. Pedro y Armando/tomar/una clase de grabado

　　4. Sabina y Alejandra/entrevistar/a María Luisa Bemberg

　　5. Mis padres/ver/la película "De eso no se habla"

8-36 Contesta las preguntas de forma afirmativa usando los verbos **continuar** o **seguir** más el gerundio.

　　1. ¿Todavía planeas ir al cine con Roberto?

　　2. ¿Todavía piensas tomar la clase de grabado?

　　3. ¿Todavía quieres ir a ver la película "Miss Mary"?

　　4. ¿Todavía estudias dirección cinematográfica?

　　5. ¿Todavía trabajas en el programa de radio?

8-37 Explícale a tu compañero/a de cuarto qué estabas haciendo ayer a esta misma hora, y en esta fecha o en este mes, y hace 2 años. Usa el pasado progresivo.

EJEMPLO: *Ayer a esta hora estaba levantando pesas en el gimnasio, el año pasado durante este mismo mes estaba estudiando matemáticas y hace dos años estaba sacando fotos en Italia.*

8-38 Luego, imagina qué estarás haciendo el próximo año para esta fecha. Usa el futuro progresivo.

8-39 Tus amigos se fueron de vacaciones a Puerto Rico y tú no pudiste ir porque no tienes dinero. Imagina qué estarías haciendo si hubieras podido ir. Usa el condicional progresivo de los verbos: **conocer, visitar, nadar, ir, beber, hablar, comprar.**

EJEMPLO: *Si hubiera ido a Puerto Rico, ahora **estaría nadando** en la playa.*

Verb Charts

REGULAR VERBS: SIMPLE TENSES

Infinitive Present Participle Past Participle	Indicative					Subjunctive		Imperative
	Present	Imperfect	Preterite	Future	Conditional	Present	Imperfect	
hablar hablando hablado	hablo hablas habla hablamos habláis hablan	hablaba hablabas hablaba hablábamos hablabais hablaban	hablé hablaste habló hablamos hablasteis hablaron	hablaré hablarás hablará hablaremos hablaréis hablarán	hablaría hablarías hablaría hablaríamos hablaríais hablarían	hable hables hable hablemos habléis hablen	hablara hablaras hablara habláramos hablarais hablaran	habla tú, no hables hable usted hablemos hablen Uds.
comer comiendo comido	como comes come comemos coméis comen	comía comías comía comíamos comíais comían	comí comiste comió comimos comisteis comieron	comeré comerás comerá comeremos comeréis comerán	comería comerías comería comeríamos comeríais comerían	coma comas coma comamos comáis coman	comiera comieras comiera comiéramos comierais comieran	come tú, no comas coma usted comamos coman Uds.
vivir viviendo vivido	vivo vives vive vivimos vivís viven	vivía vivías vivía vivíamos vivíais vivían	viví viviste vivió vivimos vivisteis vivieron	viviré vivirás vivirá viviremos viviréis vivirán	viviría vivirías viviría viviríamos viviríais vivirían	viva vivas viva vivamos viváis vivan	viviera vivieras viviera viviéramos vivierais vivieran	vive tú, no vivas viva usted vivamos vivan Uds.

***Vosotros* commands**

hablar	comer	vivir
hablad no habléis	comed no comáis	vivid no viváis

REGULAR VERBS: PERFECT TENSES

	Indicative					Subjunctive	
	Present Perfect	Past Perfect	Preterite Perfect	Future Perfect	Conditional Perfect	Present Perfect	Past Perfect
	he	había	hube	habré	habría	haya	hubiera
	has	habías	hubiste	habrás	habrías	hayas	hubieras
	ha hablado	había hablado	hubo hablado	habrá hablado	habría hablado	haya hablado	hubiera hablado
	hemos comido	habíamos comido	hubimos comido	habremos comido	habríamos comido	hayamos comido	hubiéramos comido
	habéis vivido	habíais vivido	hubisteis vivido	habréis vivido	habríais vivido	hayáis vivido	hubierais vivido
	han	habían	hubieron	habrán	habrían	hayan	hubieran

IRREGULAR VERBS

Infinitive / Present Participle / Past Participle	Indicative					Subjunctive		Imperative
	Present	Imperfect	Preterite	Future	Conditional	Present	Imperfect	
andar andando andado	ando andas anda andamos andáis andan	andaba andabas andaba andábamos andabais andaban	anduve anduviste anduvo anduvimos anduvisteis anduvieron	andaré andarás andará andaremos andaréis andarán	andaría andarías andaría andaríamos andaríais andarían	ande andes ande andemos andéis anden	anduviera anduvieras anduviera anduviéramos anduvierais anduvieran	anda tú, no andes ande usted andemos anden Uds.
caer cayendo caído	caigo caes cae caemos caéis caen	caía caías caía caíamos caíais caían	caí caíste cayó caímos caísteis cayeron	caeré caerás caerá caeremos caeréis caerán	caería caerías caería caeríamos caeríais caerían	caiga caigas caiga caigamos caigáis caigan	cayera cayeras cayera cayéramos cayerais cayeran	cae tú, no caigas caiga usted caigamos caigan Uds.
dar dando dado	doy das da damos dais dan	daba dabas daba dábamos dabais daban	di diste dio dimos disteis dieron	daré darás dará daremos daréis darán	daría darías daría daríamos daríais darían	dé des dé demos deis den	diera dieras diera diéramos dierais dieran	da tú, no des dé usted demos den Uds.

IRREGULAR VERBS (CONTINUED)

Infinitive Present Participle Past Participle	Indicative					Subjunctive		Imperative
	Present	Imperfect	Preterite	Future	Conditional	Present	Imperfect	
decir diciendo dicho	digo dices dice decimos decís dicen	decía decías decía decíamos decíais decían	dije dijiste dijo dijimos dijisteis dijeron	diré dirás dirá diremos diréis dirán	diría dirías diría diríamos diríais dirían	diga digas diga digamos digáis digan	dijera dijeras dijera dijéramos dijerais dijeran	di tú, no digas diga usted digamos digan Uds.
estar estando estado	estoy estás está estamos estáis están	estaba estabas estaba estábamos estabais estaban	estuve estuviste estuvo estuvimos estuvisteis estuvieron	estaré estarás estará estaremos estaréis estarán	estaría estarías estaría estaríamos estaríais estarían	esté estés esté estemos estéis estén	estuviera estuvieras estuviera estuviéramos estuvierais estuvieran	está tú, no estés esté usted estemos estén Uds.
haber habiendo habido	he has ha hemos habéis han	había habías había habíamos habíais habían	hube hubiste hubo hubimos hubisteis hubieron	habré habrás habrá habremos habréis habrán	habría habrías habría habríamos habríais habrían	haya hayas haya hayamos hayáis hayan	hubiera hubieras hubiera hubiéramos hubierais hubieran	
hacer haciendo hecho	hago haces hace hacemos hacéis hacen	hacía hacías hacía hacíamos hacíais hacían	hice hiciste hizo hicimos hicisteis hicieron	haré harás hará haremos haréis harán	haría harías haría haríamos haríais harían	haga hagas haga hagamos hagáis hagan	hiciera hicieras hiciera hiciéramos hicierais hicieran	haz tú, no hagas haga usted hagamos hagan Uds.
ir yendo ido	voy vas va vamos vais van	iba ibas iba íbamos ibais iban	fui fuiste fue fuimos fuisteis fueron	iré irás irá iremos iréis irán	iría irías iría iríamos iríais irían	vaya vayas vaya vayamos vayáis vayan	fuera fueras fuera fuéramos fuerais fueran	ve tú, no vayas vaya usted vamos (no vayamos) vayan Uds.

IRREGULAR VERBS (CONTINUED)

Infinitive / Present Participle / Past Participle	Indicative					Subjunctive		Imperative
	Present	Imperfect	Preterite	Future	Conditional	Present	Imperfect	
oír / oyendo / oído	oigo oyes oye oímos oís oyen	oía oías oía oíamos oíais oían	oí oíste oyó oímos oísteis oyeron	oiré oirás oirá oiremos oiréis oirán	oiría oirías oiría oiríamos oiríais oirían	oiga oigas oiga oigamos oigáis oigan	oyera oyeras oyera oyéramos oyerais oyeran	oye tú, no oigas oiga usted oigamos oigan Uds.
poder / pudiendo / podido	puedo puedes puede podemos podéis pueden	podía podías podía podíamos podíais podían	pude pudiste pudo pudimos pudisteis pudieron	podré podrás podrá podremos podréis podrán	podría podrías podría podríamos podríais podrían	pueda puedas pueda podamos podáis puedan	pudiera pudieras pudiera pudiéramos pudierais pudieran	
poner / poniendo / puesto	pongo pones pone ponemos ponéis ponen	ponía ponías ponía poníamos poníais ponían	puse pusiste puso pusimos pusisteis pusieron	pondré pondrás pondrá pondremos pondréis pondrán	pondría pondrías pondría pondríamos pondríais pondrían	ponga pongas ponga pongamos pongáis pongan	pusiera pusieras pusiera pusiéramos pusierais pusieran	pon tú, no pongas ponga usted pongamos pongan Uds.
querer / queriendo / querido	quiero quieres quiere queremos queréis quieren	quería querías quería queríamos queríais querían	quise quisiste quiso quisimos quisisteis quisieron	querré querrás querrá querremos querréis querrán	querría querrías querría querríamos querríais querrían	quiera quieras quiera queramos queráis quieran	quisiera quisieras quisiera quisiéramos quisierais quisieran	quiere tú, no quieras quiera usted queramos quieran Uds.
saber / sabiendo / sabido	sé sabes sabe sabemos sabéis saben	sabía sabías sabía sabíamos sabíais sabían	supe supiste supo supimos supisteis supieron	sabré sabrás sabrá sabremos sabréis sabrán	sabría sabrías sabría sabríamos sabríais sabrían	sepa sepas sepa sepamos sepáis sepan	supiera supieras supiera supiéramos supierais supieran	sabe tú, no sepas sepa usted sepamos sepan Uds.
salir / saliendo / salido	salgo sales sale salimos salís salen	salía salías salía salíamos salíais salían	salí saliste salió salimos salisteis salieron	saldré saldrás saldrá saldremos saldréis saldrán	saldría saldrías saldría saldríamos saldríais saldrían	salga salgas salga salgamos salgáis salgan	saliera salieras saliera saliéramos salierais salieran	sal tú, no salgas salga usted salgamos salgan Uds.

IRREGULAR VERBS (CONTINUED)

Infinitive / Present Participle / Past Participle	Indicative					Subjunctive		Imperative
	Present	Imperfect	Preterite	Future	Conditional	Present	Imperfect	
ser / siendo / sido	soy / eres / es / somos / sois / son	era / eras / era / éramos / erais / eran	fui / fuiste / fue / fuimos / fuisteis / fueron	seré / serás / será / seremos / seréis / serán	sería / serías / sería / seríamos / seríais / serían	sea / seas / sea / seamos / seáis / sean	fuera / fueras / fuera / fuéramos / fuerais / fueran	sé tú, / no seas / sea usted / seamos / sean Uds.
tener / teniendo / tenido	tengo / tienes / tiene / tenemos / tenéis / tienen	tenía / tenías / tenía / teníamos / teníais / tenían	tuve / tuviste / tuvo / tuvimos / tuvisteis / tuvieron	tendré / tendrás / tendrá / tendremos / tendréis / tendrán	tendría / tendrías / tendría / tendríamos / tendríais / tendrían	tenga / tengas / tenga / tengamos / tengáis / tengan	tuviera / tuvieras / tuviera / tuviéramos / tuvierais / tuvieran	ten tú, / no tengas / tenga usted / tengamos / tengan Uds.
traer / trayendo / traído	traigo / traes / trae / traemos / traéis / traen	traía / traías / traía / traíamos / traíais / traían	traje / trajiste / trajo / trajimos / trajisteis / trajeron	traeré / traerás / traerá / traeremos / traeréis / traerán	traería / traerías / traería / traeríamos / traeríais / traerían	traiga / traigas / traiga / traigamos / traigáis / traigan	trajera / trajeras / trajera / trajéramos / trajerais / trajeran	trae tú, / no traigas / traiga usted / traigamos / traigan Uds.
venir / viniendo / venido	vengo / vienes / viene / venimos / venís / vienen	venía / venías / venía / veníamos / veníais / venían	vine / viniste / vino / vinimos / vinisteis / vinieron	vendré / vendrás / vendrá / vendremos / vendréis / vendrán	vendría / vendrías / vendría / vendríamos / vendríais / vendrían	venga / vengas / venga / vengamos / vengáis / vengan	viniera / vinieras / viniera / viniéramos / vinierais / vinieran	ven tú, / no vengas / venga usted / vengamos / vengan Uds.
ver / viendo / visto	veo / ves / ve / vemos / veis / ven	veía / veías / veía / veíamos / veíais / veían	vi / viste / vio / vimos / visteis / vieron	veré / verás / verá / veremos / veréis / verán	vería / verías / vería / veríamos / veríais / verían	vea / veas / vea / veamos / veáis / vean	viera / vieras / viera / viéramos / vierais / vieran	ve tú, / no veas / vea usted / veamos / vean Uds.

STEM-CHANGING AND ORTHOGRAPHIC-CHANGING VERBS

Infinitive Present Participle Past Participle	Indicative					Subjunctive		Imperative
	Present	Imperfect	Preterite	Future	Conditional	Present	Imperfect	
incluir (y) incluyendo incluido	incluyo incluyes incluye incluimos incluís incluyen	incluía incluías incluía incluíamos incluíais incluían	incluí incluiste incluyó incluimos incluisteis incluyeron	incluiré incluirás incluirá incluiremos incluiréis incluirán	incluiría incluirías incluiría incluiríamos incluiríais incluirían	incluya incluyas incluya incluyamos incluyáis incluyan	incluyera incluyeras incluyera incluyéramos incluyerais incluyeran	incluye tú, no incluyas incluya usted incluyamos incluyan Uds.
dormir (ue, u) durmiendo dormido	duermo duermes duerme dormimos dormís duermen	dormía dormías dormía dormíamos dormíais dormían	dormí dormiste durmió dormimos dormisteis durmieron	dormiré dormirás dormirá dormiremos dormiréis dormirán	dormiría dormirías dormiría dormiríamos dormiríais dormirían	duerma duermas duerma durmamos durmáis duerman	durmiera durmieras durmiera durmiéramos durmierais durmieran	duerme tú, no duermas duerma usted durmamos duerman Uds.
pedir (i, i) pidiendo pedido	pido pides pide pedimos pedís piden	pedía pedías pedía pedíamos pedíais pedían	pedí pediste pidió pedimos pedisteis pidieron	pediré pedirás pedirá pediremos pediréis pedirán	pediría pedirías pediría pediríamos pediríais pedirían	pida pidas pida pidamos pidáis pidan	pidiera pidieras pidiera pidiéramos pidierais pidieran	pide tú, no pidas pida usted pidamos pidan Uds.
pensar (ie) pensando pensado	pienso piensas piensa pensamos pensáis piensan	pensaba pensabas pensaba pensábamos pensabais pensaban	pensé pensaste pensó pensamos pensasteis pensaron	pensaré pensarás pensará pensaremos pensaréis pensarán	pensaría pensarías pensaría pensaríamos pensaríais pensarían	piense pienses piense pensemos penséis piensen	pensara pensaras pensara pensáramos pensarais pensaran	piensa tú, no pienses piense usted pensemos piensen Uds.

STEM-CHANGING AND ORTHOGRAPHIC-CHANGING VERBS (CONTINUED)

Infinitive Present Participle Past Participle	Indicative					Subjunctive		Imperative
	Present	Imperfect	Preterite	Future	Conditional	Present	Imperfect	
producir (zc) produciendo producido	produzco produces produce producimos producís producen	producía producías producía producíamos producíais producían	produje produjiste produjo produjimos produjisteis produjeron	produciré producirás producirá produciremos produciréis producirán	produciría producirías produciría produciríamos produciríais producirían	produzca produzcas produzca produzcamos produzcáis produzcan	produjera produjeras produjera produjéramos produjerais produjeran	produce tú, no produzcas produzca usted produzcamos produzcan Uds.
reír (i, i) riendo reído	río ríes ríe reímos reís ríen	reía reías reía reíamos reíais reían	reí reíste rio reímos reísteis rieron	reiré reirás reirá reiremos reiréis reirán	reiría reirías reiría reiríamos reiríais reirían	ría rías ría riamos riáis rían	riera rieras riera riéramos rierais rieran	ríe tú, no rías ría usted riamos rían Uds.
seguir (i, i) (ga) siguiendo seguido	sigo sigues sigue seguimos seguís siguen	seguía seguías seguía seguíamos seguíais seguían	seguí seguiste siguió seguimos seguisteis siguieron	seguiré seguirás seguirá seguiremos seguiréis seguirán	seguiría seguirías seguiría seguiríamos seguiríais seguirían	siga sigas siga sigamos sigáis sigan	siguiera siguieras siguiera siguiéramos siguierais siguieran	sigue tú, no sigas siga usted sigamos sigan Uds.
sentir (ie, i) sintiendo sentido	siento sientes siente sentimos sentís sienten	sentía sentías sentía sentíamos sentíais sentían	sentí sentiste sintió sentimos sentisteis sintieron	sentiré sentirás sentirá sentiremos sentiréis sentirán	sentiría sentirías sentiría sentiríamos sentiríais sentirían	sienta sientas sienta sintamos sintáis sientan	sintiera sintieras sintiera sintiéramos sintierais sintieran	siente tú, no sientas sienta usted sintamos sientan Uds.
volver (ue) volviendo vuelto	vuelvo vuelves vuelve volvemos volvéis vuelven	volvía volvías volvía volvíamos volvíais volvían	volví volviste volvió volvimos volvisteis volvieron	volveré volverás volverá volveremos volveréis volverán	volvería volverías volvería volveríamos volveríais volverían	vuelva vuelvas vuelva volvamos volváis vuelvan	volviera volvieras volviera volviéramos volvierais volvieran	vuelve tú, no vuelvas vuelva usted volvamos vuelvan Uds.

Spanish – English Glossary

This glossary contains the active vocabulary found throughout the ads and articles. Some words familiar to an advanced student have been omitted. The gender of nouns is given except for masculine nouns ending in -o and -or, and feminine nouns ending in -dad, -tad,- tud, -a, or -ión. For nouns referring to people such as those denoting nationality, occupation, or profession, only the masculine form appears in this glossary unless the feminine form follows an atypical pattern. Abbreviations are limited to the following: *m.* (masculino), *f.* (femenino). The number that appears after the English translation indicates the chapter where the Spanish word appears. The words have been translated to English according to their meaning in the article or ad where they appear.

A

a continuación	following 1
a duras penas	with great difficulty 1
a pesar de	in spite of 2, 4
a puntitas	on tiptoes 4
a través de	across, through 2
abastecerse	to supply; to get supplies 2
abrumar	to overwhelm 6
acabar	to end, to finish 2
acaramelada	accumulated grease 2
acceder	to gain access 3
acidez	acidity, heartburn 2
acierto	correct guess; good shot 3
aconsejar	to advise 2
acorazado	armoured 8
acostumbrar(se)	to become accostumed 7
acudir	to support; to attend 1
adelantar(se)	to advance 5
adivinar	to guess 6
adquirir (ie)	to acquire 2, 4
afanar(se)	to labor, to toil 1
aficionado	fan 1
agarrar	to grab 6
agobiar	to overwhelm 3
agregar	to add 2, 5
ahorrar	to save money 3
aislado	isolated 3
aislar	to isolate 3, 4
ajetreo	bustle 4
al cabo de	at the end of 3
al fin de	at the end of 3
al lado de	next to, beside 3
albergue *m.*	shelter, lodging 7
alborozadas	filled with joy 4
alcanzar	to catch up 5

alejar	to move away 2
alguien	somebody 3
alguno	someone 1
alimentar	to feed 2
alimenticios	nutritive, nourishing 2
alimento	food 2
alinear	to align 2
alma	spirit 4
alojamiento	lodging 7
alquilar	to rent 7
amable	amiable, amicable, friendly 1
amanecer	dawn 4
ambiente	environment 5
ámbito	scope, range, field 1
amenizar	to make pleasant conversation, to enliven 6
amibiasis *f.*	amoebic infection 2
amigable	amicable 3
amplio	wide, spacious, vast 7
amplísimo	very spacious, wide, vast 7
anafilaxia	anaphilaxis 2
andar	to walk 3
anfitrión *m.*	host 1
ansiedad	anxiety 7
ante	before 1, 2
antelación	beforehand 7
anticipo	anticipation 5
anticonceptiva	contraceptive 2
antifacista *m.f.*	antifascist 1
antojo	whim, craving 3
anunciar	to announce 4
anuncio	announcement, advertisement 3
apagar	to turn off 6
aparecer	to appear 4
apellido	last name, surname 1
aplastar	to crush 3

aplicar — to apply 2
apodo — nickname 3
aportación — contribution 5
apostar — to bet 4
apoyar — to support 1, 2
apreciar — to appreciate, to value, to esteem 6
aprendizaje *m.* — learning, apprenticeship; training period 3
apretar(se) (ie) — to tighten, to grip, to squeeze 3
aprovechar — to take advantage, to exploit 1, 5
aquejar — to bother, to trouble 1
arena — arena; sand 4
armas — weapons 1
arrasar — to level, to raize 1
arrebatar — to snatch away, to carry off 1
arriesgar(se) — to endanger, to put at risk, to take a risk 3
arrojar — to throw, to hurl 4
arruinar — to ruin 4
arrullo — cooing, murmur, whisper 6
ascender (ie) — to go up, to ascend 5
ascensor *m.* — elevator 3
asegurar(se) — to make secure, to make sure of 2
asemejar — to be alike, to be similar 8
asiento — seat, chair 7
aspecto — physical appearance 1
asunto — matter, affair 1
atascado — stuck, caught 1
atascar(se) — to clog up, to get stuck 1
atender (ie) — to attend, to assist 3
atenuar — to minimize, to tone down 2
aterrizar — to land 5
atraer — to attract 3
atravesar (ie) — to cross 4
atrever(se) — to dare 6
aullar — to howl, to yell 4
aumentar — to augment 2
aumento — raise, increase 2
aunque — although 2, 4
auspiciado — sponsored 3
avecinar — to approach, to come near 5
averiguar — to find out 1, 6

B

bajar(se) — to go down, to lower oneself, to stoop, to bend down 3
balancear — to balance 2
balsa — raft 7
barco a vela — sailboat 5

basar(se) — to base one's ideas or opinions 3
beneficiar — to benefit 3
blando — soft 6
bloquear — to block 3
bocado — mouthful, snack 2
boda — wedding 6
bolero — type of music 7, 8
bolsa — pocketbook 1
bolsillo — pocket 1, 4
bombear — to pump 2
bombilla — pump; straw; tube for drinking mate 2
botiquín — first aid kit, medicine cabinet 7
breve — brief 1
brillo — shine 6
brindar — to toast, to offer 5

C

caballo — horse 1
caber — to fit 2
cada vez más — more and more 5
cadena — chain 1, 8
cadena televisiva — television network 1
caer en la trampa — to be tricked 3
caer(se) — to fall, to fall down 1, 3
calcinar — to burn to ashes 4
calcio — lime 2
calidad — quality 2
calvo — bald 1
campeón *m.* — champion 4
campo científico — field of science 5
carecer — to lack 5
carga — load, cargo, burden, weight 3
cargo — load, weight, burden, charge; obligation, post, position 5
carrera — career; race 1, 6
cartílago — cartilage 2
cartón *m.* — cardboard 6
casar(se) — to get married 1, 6
castillo — castle 3
caudillo — leader, chief 1
cautela — caution 2
ceder — to yield 3
cerca — near 3
cercano — nearby 1
cerebro — brain 2
chaparrón *m.* — downpour, cloudburst 4
charlar — to chat 6
chispa — spark 1
chiste *m.* — joke 1
chocar — to crash 6

cierto	certain, sure 1
cinta	ribbon 5
cinturón *m.*	belt 4
cirugía	surgery 2
clave *f.*	clue 5
clavo	nail 8
cobertura	cover; coverage 5, 7
cocido	cooked 2
codiciar	to covet, crave for 4
coger	to take, to catch 1
colador	strainer 2
colapso	breakdown 2
colérico	angry, bad tempered
comestible	food 6
compartir	to share 1
compatriota *m.*	fellow countryman 7
competencia	competition 6
competir (ie,i)	to compete 6
comportamiento	behavior 3
comportar(se)	to behave oneself 3
concebir	to conceive 5
conceder	to concede 4
conciliar	to reconcile, to harmonize 5
concordar(ue)	to agree 1
concurso	competition, pageant 6
confiabilidad	trustworthiness 3
confiable	trustworthy 2
confianza	confidence 4
congelado	frozen, chilled, frostbitten 2
congelar	to freeze, to chill 2
consejo	advice 2, 3, 7
consentimiento	permission, consent 2
constar	to have evidence 5
consumir(se)	to consume, to boil away, to burn up 1
contagiarse	to become infected 2
contagio	contagion 2
contaminación cruzada	cross contamination 2
contar (ue)	to count, to consider, to tell, to recount 1
contener	to contain 1
contrincante	opponent 4
convocar	to summon, to convoke 3
copla	verse, popular song 8
corcho	cork 5
cordillera	mountain chain 7
correspondiente	corresponding 2
cortejo	bridal or funeral procession; entourage 6
cotidiano	daily 6

cotizado	in demand, sought after 1
creyente *m.*	believer 5
crítica	criticism 3
cruzar	to cross 1
cuadrilátero	boxing ring 4
cuadro	picture, painting 1
cualquier	whichever 2
cuanto antes	as soon as possible 3
cubetera	ice tray 2
cubrir	to cover 2
cuenta bancaria	bank account 3
cuenta corriente	checking account 3
cuenta de ahorros	savings account 3
cuento	story, short story 3
cuero	leather 1
cuidado	care 2
culpa	guilt 6
cumplimiento	performance, fulfillment 3
cuño	stamp, coin, mark 5
curar	to cure 2
cuyo	whose, of whom 2

D

dañar	to harm 2, 7
daño	damage 5
de acuerdo	agreed 4
decaer	to decline 5
decena	ten (group of ten) 2
decepcionar	to disappoint 3
delantera	in front 7
deletrear	to spell 1
delgado	slim 6
demasiado	too much 1
demora	delay 7
deprimido	depressed 2
deprimir	to depress 2
derretir	to melt 4
derrumbar	to collapse 4
desafío	challenge 8
desahogar	to relieve, to ease, to vent 8
desamparado	helpless, defenseless, abandoned 5
desanimado	dejected, downhearted 8
desaparecer	to disappear 4
desarrollar(se)	to develop, to unfold 1, 5
descanso	rest 4
descender (ie)	to descend, to go down 5
descontar (ue)	to discount 7
desechar	to throw away 2
desechable	disposable 2

desempeñar	to fulfill, to carry out 1, 3
desempeñar el papel de	to portray, to perform 6
desencantado	disenchanted 1
desenlace *m.*	outcome 1
desequilibrio	unbalance, lack of equilibrium 2
deshelar (ie)	to thaw 2
deshidratada	dehydrated 2
designar	to designate 7
desilusionar	to disappoint, to disillusion 3
desmesuradamente	disproportionately 4
desmoronar	to erode, to crumble 5
despachar	to dispatch, to issue 7
despectivo	scornful 8
destinatario	addressee 2, 3
destrozar	to destroy 5
desusado	unused 2
desventaja	disadvantage 7
desvirtuar	to impair, to spoil, to distort 8
desvivir	to long for; to be crazy about 1
deteriorar	to deteriorate 7
deterioro	deterioration 5
deuda	debt 2, 3
devolución	return 7
dibujo	drawing 1, 4
dicha	happiness 3
dichoso	happy, lucky 4
dictar	to dictate 2
dinero en efectivo	cash 3
directiva	board of directors 3
dirigirse	to go towards 3
disciplinar(se)	to discipline 3
diseño	design 1
disfrutar	to enjoy 2
disparo	shot 8
disponer	to dispose, to arrange, to lay; to get ready, to order 3
disponible	disposable, available, spare, on hand 2, 3, 7
dispositivo	device, mechanism 6
distar	to be a certain distance 2
distinguir	to distinguish 1
dolencia	pain, ailment, ache 2
domicilio	home, abode, residence 2
dudar	to doubt 2
duración	duration, length 1
duradero	hard wearing, lasting 7
durar	to last, endure, to remain 1, 5
duro	hard, stale, old, tough, strong 1

E

e	and 1
efectuar	to effect, to carry out 3
eficacia	effectiveness 2, 3
elegir (i, i)	to choose 1, 7
embajador	ambassador 1
embargar	to impede, hinder 6
embates	beatings, violence, blows of fate 1
embotamiento	bloated 2
empeorar(se)	to get worse 1, 2, 5
empresa	enterprise, firm, company 1, 2, 7
empresarial	managerial 3
empresario	businessman 4
empujar	to push 5
encabezar	to lead 2
encargado	person in charge 1
encargar	to entrust, to recommend 7
encargarse de	to take charge of 7
enchapado	plating 8
encima de	above 5
encontrar(se) (ue)	to meet 3
endurecimiento	hardening 6
enfatizar	emphazise 3
engalanar	to adorn 4
engañar	to deceive, trick 3
engrosar	to enlarge, to increase 2
enlazar	to bind together 7
enloquecer	to madden 4
enojarse	to get angry 1
ensayista *m.f.*	essayist 1
enterarse de	to find out 2, 7, 8
enterrar	to bury 4
entidad	entity, organization 3
entre	between 3
entregar	to hand, to give 3
entrenamiento	training 2, 3
entrevistar	to interview 1
enviar	to send 3
envoltorio	package 6
equipar	to equip 2
equivocar	to make a mistake 6
escalar	to climb 7
escalera	stairs 3
escalera mecánica	escalator 3
escasear	to be or to get scarce 5
escasez	scarcity, shortage of funds 5
escena	scene 1
escenario	stage 1

escoger to choose 1
esconder to hide 3
escritura writing 1
esforzar(se) to exert, to make an effort 1
espada sword 8
espejo mirror 1
espesor thickness 6
esponja sponge 2
esquela note, notice; announcement of a death 4
esqueleto skeleton 2
esquivar to avoid 4
establecer to establish 3
estanquillo tobacco shop, kiosk 3
estimar to esteem, to hold in high regard 3
estornudar to sneeze 2
estratos strata 5
estrechar to narrow, to tighten; to hug 1
estrella star 1
estrenar to use for the first time, to perform for the first time, to premiere 8
estreñimiento constipation 2
estropear to ruin 4
evacuar to evacuate, to drain 2
evaluar to evaluate 3
evitar to avoid 2, 3, 4
excretar to excrete 2
exigir to demand 2
éxito success 2
expectativa expectation 5
experimentar to experience, to experiment 1, 5
exponer to expose 7
expuesto exposed 7
extraer(se) to extract 2, 5
extrañar to miss 1

F

fábrica factory 2
fabricantes manufacturers 2
fabricar to manufacture 2, 4
factible possible 2
facultad school of, department 1
fallar to miss, to pass judgement; to fail 3
fallecer to die 4
fallecimiento death 4
falta lack 2
fanfarrón *m.* blustering, braggart 1
farmacéutico pharmacist 2

fidelidad loyalty, fidelity 1
fidelísimo extremely loyal 1
fiebre *f.* fever 2
fiel loyal, faithful 5
financiamiento financing 5
fingir to pretend 8
firmar to sign 1
físico physical; physicist; appearance 1
flotar to float 6
folleto pamphlet, brochure 5
fondo fund; bottom, depth 4
formulario form 3
fraternidad fraternity 3
frazada blanket 6
frenesí frenzy 4
fresco fresh, cool 2
fructífera fruitful 1
fuerte strong 1
fugaz fleeting, brief 4
funcionario official, civil servant 5
fundar to found 7
funerario related to funerals 2

G

galeno physician 2
ganancia gain, earning, profit 4
ganar to earn 1
gastar to waste; to spend money 3
gatillo trigger 2
germen, *m.* germ 1
gesto gesture 1, 3
glándula gland 3
golpe *m.* strike, hit, blow 1
goma eraser; rubber 1
gorra cap 7
grabación recording 4, 8
grabado etching 8
grabar to record; to etch 6, 8
grado mayor higher degree 5
grado menor lower degree 5
grasa grease 2
gratuito free 6
guardar to keep 3
gusto taste; pleasure 5

H

habilitar to make available 2
hábitos habits 2
hacia towards 1
hartar(se) to get fed up; to eat one's fill, to gorge oneself 8

harto — fed up 8
hasta — until 2, 5
hay — there is, there are 5
heces *f.* — feces 2
hembra — female animal 1
hemorragia — hemorrhage 2
heredado — inherited 1
heredar — to inherit 2
hermano político — brother-in-law 4
hígado — liver 6
hinchar — to swell 2
hipoteca — mortgage 3
historial de crédito — credit history 3
hogar *m.* — home; fireplace 2, 6
hojas — leaves 2
hospedaje — lodging 7
hospedar — to lodge 1, 5
hueso — bone 2, 6

I

idioma — language 3
impedir — to impede, to prevent 3
imprescindible — essential, indispensable 2
imprimir — to print; to impress 1
impuesto — tax, duty, levy 1
incansable — untiring 1
incitar — to incite, to rouse 2
incompatible — uncompatible 2
indebido — undue, illegal, improper 3
indicar — to indicate 5
índole *f.* — nature 3
inducir — to induce, to infer; to persuade 2
inevitable — unavoidable 5
infalible — infallible 3
infarto cardíaco — heart attack 2
infidelidad — unfaithfulness 6
ingeniería — engineering 5
ingerir — to ingest 2
inmutarse — to lose one's self possession, to be unperturbed 4
inocuo — innocuous 2
intemperie — outdoors, in the open 5
interlocutor — speaker 3
intervenir — to intervene, to supervise, to control 2
intransigente — intransigent 1
inusitado — unexpected, rare 2
invertir (ie, i) — to invest 5
involucrado — involved 2
involucrar — to involve 2, 8
inyección — injection, shot 2

J

jabón *m.* — soap 2
jirón — rag 8
jornada — working day 5
joya — jewel, gem 4
jubilados — retired 4
juerga — binge, to go on a spree 7
jugar (ue) — to play 3
juguete — toy 3
junto con — together with 3

L

labrar — to work (a metal), to carve 8
lagrimear — to shed tears 2
lanzar(se) — to throw, to jump, to dive 4, 5
lazos — shoelaces; ties, bonds, bows, knots 1
legumbre — vegetable 2
lejano — far away, distant, remote 4
lejos — far 3
lema *m.* — motto 1
lengua — tongue 3
ley *f.* — law 1
lienzo — canvas, linen 7
ligero — light 5
línea — line 3
llaves de grifería *f.* — faucets 2
llevar a cabo — to complete 5
localizar — to locate 1, 3
lograr — to succeed, to achieve 1
losa — slab, flagstone; gravestone 2
lucir — to light up; to display, to shine, to show off 1
luego — then 5
luego de que — after 3
lúgubre — mournful 4

M

machismo — chauvinism 6
macho — male animal 1
madera — wood 2, 7
mala fe — bad faith 7
malgastar — to misspend 5
mandar — to send; to order 3
mandato — command 3
manta — blanket 5, 6
mantener — to maintain 2, 5
manutención — maintenance 7
maqueta — model on a small scale 5
maquillaje *m.* — makeup 1

maquinaria — machinery 2
marca — trademark 5
marcar — to mark, to brand, to stamp 2
marchar — to march; to leave 3
marciana — Martian 5
marear(se) — to get dizzy 3
más allá — beyond; heaven 5
masticar — to chew 2
mate *m.* — green tea from Argentina, Uruguay, and Brazil 2
mayoría — majority 5
médula ósea — spinal cord 2
mejorar — to improve 1, 2, 3
mensaje *m.* — message 3
mensual — monthly 3
mensualmente — monthly 3
merecer — to deserve 1
mesero — waiter, server 1
meta — goal 1
miel *f.* — honey 2, 3
mismo — same 2
modelar — to model 1
modelo — model 5
modo — mode, way 1
molestar — to bother 3
molesto — bothered 3
mordisquear — to nibble, to nip 6
moreno — brunette 1
morir (ue) — to die 1
mostrador — counter, showcase 2
muchedumbre — crowd, mass of people 1
muda — mute; change of clothing 4
mudar(se) — to change, to change residence 4
mueca — face, grimace 1
mujer *f.* — woman 1
multiuso — multiuse 2

N

nacer — to be born 6
nacimiento — birth 2, 5
navegar — to navegate 3
negocio — business 3
neoyorquino — person from New York 1
ni siquiera — not even 2, 5, 7
nivel *m.* — level 2
nocivo — harmful 2
nuca — nape 5

O

obstruir — to obstruct 3
odontología — dentistry 2

oferta — offer 1
oído — ear 5
ojalá — I wish, I hope, God willing 2
olfato — sense of smell 5
opinar — to have an opinion 1
oprimir — to oppress 3
oración — prayer, sentence 2, 4
ordenador — computer (In Spain) 6
orgulloso — proud 1
orientar — to orientate, to guide 3
oscurecer — to get dark 4
óxido — oxide 2
oyente — hearer 4

P

padrino — godfather 6
paella — Spanish dish with rice, meat, fish, and vegetables 7
paloma — dove 1
papel — role; paper 5
parada — stop 3
parar — to stop 3
parcela — plot 7
parecer — to seem 2, 4
pareja — couple, pair 2
parto — delivery (birth) 6
pasajero — passenger; fleeting 4
pasatiempo — hobby 1
pastilla — pill 2
pata — paw 4
patógeno — pathogenic 2
patrocinado — sponsored 3
patrocinador — sponsor 1
patrocinar — to sponsor 1, 3, 7
patrón *m.* — boss, employer; pattern 6
patrulla — troop, patrol 4
pedante — braggart 1
pedazo — piece 6
peinado — hair style 1
pelear — to fight 1
película — movie 1
perecer — perish 5
perenne — perennial 3
perito — expert 4
perjudicar — to injure, to harm 2
perpetuo — perpetual 3
perseguir (i, i) — to pursue 4, 5
personaje *m.* — character 1
pertenecer — to belong, to pertain 5
pesaje — weigh-in 4
picaporte — doorknob 2

picar	to bite, to prick, to sting; to chop, 2
picores	hives 2
piel *f.*	skin 5
pintar	to paint 7
pintor *m.*	painter 1
pintura	painting 1
piropo	complement, flattery 4
piso	floor 3
portada	cover 1, 4
precintado	prepackaged, sealed 7
prejuicio	prejudice 3
premio	prize 8
prender	to turn on 6
prescribir	to prescribe 2
presenciar	to be a witness 4
presentar(se)	to introduce, to introduce oneself 1
préstamo	loan 3
presumir	to presume 1
presupuesto	budget 3
previo	previous 1
principal	main, principal 1
privarse	to deprive oneself 3
promesa	promise 3
prometer	to promise 3
promover (ue)	to promote 5
propuesta	proposal 3
prótesis *f.*	prosthesis 5
prototipo	prototype 5
provechoso	advantageous 3, 5
proveedor	provider 3
proveer	to provide 6
pulir	to polish 6
puño	fist 4
punta de los pies	tiptoe 4
punto	period 3

Q

quebrar (ie)	to break 6
quedar(se)	to remain, to stay 1
queja	complaint 7
querer (ie)	to want; to love 1
quirúrgica	surgical 2
quitar(se)	to take off 4

R

raíz	root 1
ranchera	type of music 7
ranura	slot 3, 8

rasgo	feature 8
rato	while, short time 2
raza	race 5
razón	reason 2
realización	realization 3
realizar	to realize 2
recapacitar	to rethink 6
reclamar	to claim 6
reclutar	to recruit 4
recobrar(se)	to recover, to get well 2, 3
reconocer	to recognize 1
recorrer	to tour 7
recorrido	tour 7
recurso	recourse 5
red	network 1, 5
reducir	to reduce 2
reemplazar	to replace 1
refrescante	refreshing 2
regalar	to give as a gift 6
regulación	regulation 2
rehacer	to redo 6
remanso	oasis 6
rematador *m.*	auctioneer 1
remate *m.*	auction 1
remedio	medicine 2
remitente	name or address of sender 2
renovarse (ue)	to renew oneself 2
renunciar	to renounce 1
reparo	repair, restoration 7
repentino	sudden 7
reponer(se)	to replace, to reinstate; to recover 3
requerimiento	requirement 2, 5
requerir (ie)	to require 2
rescatar	to rescue 2
resfriado	cold 2, 5
respirar	to breathe 5
respiratorio	respiratory 2
restringir	to restrict 2
resumen *m.*	summary 2, 3
resumir	to summarize 3, 5
retina	retina 5
retroceder	to go back 4
rezar	to pray 4
riesgo	risk 2, 3, 8
rodear	to surround 5
rogar (ue)	to beg 2
romper(se)	to break 6
ruedas	wheels 1
ruido	noise 7

S

sabor *m.*	flavor 6
sacar	to take out 1
salario	salary 3
salida	exit 4
saliva	saliva 2
salud *f.*	health 2
sanatorio	sanatorium, nursing home 4
sangre *f.*	blood 2
sanguíneo	pertaining to blood 2
sano	healthy 2, 5
santuario	sanctuary, shrine 7
satisfacer	to satisfy 3
satisfecho	satisfied 3
selva	jungle 5, 7
selvática	of the jungle 5
semanal	weekly 7
semejanza	similarity 1, 8
semilla	seed 8
sencillo	simple 2
sentimiento	feeling 2
sentir (ie)	to feel; to regret 5
señal	signal 2, 5
sequedad	dryness 2
serotonina	serotonin 2
sierra	mountain range 5
signos	signs 2
sin embargo	however, nevertheless 2
sin pesar	without weighing 2
siquiera	even 2
sobrar	to remain, to be left over 5
sobre todo	above all 4
sobrepeso	excess weight, overweight 2
sobrevivir	to survive 3
sofocar	to suffocate 3
soler (ue)	to be accustomed to 7
solo	single, sole 5
sólo	only, merely 5
sombra	shade 7
someter	to conquer, to subject to one's will 5
sonar (ue)	to sound; to ring 7
sonido	sound 4, 6
soplar	to blow 4
soportar	to stand for; to put up with, to bear 5
sorprender(se)	to be surprised 1
sortear	to raffle 6
sorteo	raffle 6
sosiego	calmness, peacefulness 8
sostener	to sustain 8

suave	smooth, even, soft 5
suavidad	smoothness, evenness, softness 5
subir(se)	to go up 3
súbito	sudden, hasty 7
suceder	to happen 2
suceso	happening 2
sucursal *f.*	branch office 1
sueldo	salary 3
suelo	floor 1
sufrir	to suffer 2
sugerencia	suggestion 2
sugerir (ie)	to suggest 2
suministrar	to supply, to provide 2
sumo	great, extreme, supreme 7
suplicar	to beg, to supplicate 2
suponer	to suppose 5
surgir	to arise, to emerge, to appear 1, 2
sustancia	substance 2

T

tabla	table 1
tacto	sense of touch 5
tallar	to carve 8
talonario	receipt book, book of tickets 7
tan pronto como	as soon as 3
tapa	lid, top 7
tapado	covered 2
tarjeta	card 2
tasa de interés	interest rate 3
tejido	tissue 2
tela	fabric 7
telenovela	soap opera 1
tema *m.*	theme 1
tender	to stretch, to spread out; to hang; to build 5
tener sentido	to make sense 1
terremoto	earthquake 6
testigo	witness 1, 2, 4, 7
tétrico	gloomy, pessimistic, dismal, dim 4
tira cómica	comic strip 4
titular	to entitle; headline 3, 7
toalla	towel 2
todo	all, every 1
tomar en cuenta	to take into account 2
tonada	tune 8
tos *f.*	cough 2
trama *f.*	plot 1, 3
transcurrir	to pass, to elapse 1
transeúnte	transient, transitory; passer-by 4

transferencia	transfer 3
transferir (ie)	to transfer 3
tras	behind 3
trasladar	to move, to transfer 7
tratado	agreement, pact 7
tratamiento	treatment 2
tratar	to treat 2
travesía	crossroad 7
trazar	to plan, to design 3
tregua	truce, lull, respite 4
triturado	ground, crushed 2
triunfador	triumphant 1
triunfar	to triumph 1
tronco	trunk, stem 7
trova	ballad 8
trueno	thunder 6

U

ubicar	to place, to locate 3
unir	to unite 3
urinario	urinal, public lavatory 2
útil *m.*	serviceable 6
utilizar	to use, to utilize 2

V

vaca	cow 1
vacío	empty 2
vacuna	vaccine 2, 5, 7
valer	to be worth 1, 3
valija	valise, suitcase 7
vallenato	type of song 8
valor	value 3, 4
variar	to vary 2
varón *m.*	male animal 1
venerar	to venerate, to revere 6
ventaja	advantage 7
verdadero	true; truthful, trustworthy 3
verdura	vegetable 2
verificar	to verify 3
vestuario	clothes; wardrobe 1
vía	road, route; process 2
vigilar	to watch over, to look after 3
vincular	to link, to bind; to base one's hopes on 5
vista	view, sight 5
vivencia	personal experience 4
volver(se) (ue)	to return; to turn round 2

Y

yegua	mare 1
yerba mate	herbal beverage from Argentina 2
yerno	son-in-law 6

A

abode	domicilio 2
above	encima de 5
above all	sobre todo 4
access	acceso 3
accumulated grease	acaramelada 2
accustom oneself	acostumbrar(se); accostomed to . . . soler (ue) 7
ache	dolencia 2
acidity	acidez 2
acquire	adquirir (ie) 2, 4
across	a través de 2
add	agregar 2, 5
addressee	destinatario 2, 3
adorn	engalanar 4
advance	adelantar(se) 5
advantage	ventaja 7
advantageous	provechoso 3, 5
advice	consejo 2, 3, 7
advise	aconsejar 2
after	luego de que 3
agree	concordar (ue); agreed de acuerdo 1
agreement	tratado 7
ailment	dolencia 2
align	alinear 2
all	todo 1
although	aunque 2, 4
ambassador	embajador 1
amiable	amable 1
amicable	amigable 3
amoebic infection	amibiasis *f.* 2
and	e, y 1
anger	enojarse 1
angry	colérico 1

animal	animal 1
announcement	anuncio 3; announcement of the dead 4
anticipation	anticipo 5
antifascist	antifacista *m./f.* 1
anxiety	ansiedad 7
appear	aparecer 4
appearance	aspecto 1
apply	aplicar 2
appreciate	apreciar 6
apprenticeship	aprendizaje *m.* 3
approach	avecinar 5
arena	arena 4
armored	acorazado 8
arrange	disponer 3
as soon as	tan pronto como 3
ascend	ascender (ie) 5
at the end of	al cabo de, al fin de 3
attend	acudir 1; atender (ie) 3
attract	atraer 3
auction	remate *m.*
auctioneer	rematador *m.* 1
augment	aumentar 2
available	disponible 2, 3, 7
avoid	evitar, esquivar 2, 3, 4

B

bad faith	mala fe 7
bad tempered	colérico 1
balance	balancear 2
bald	calvo 1
ballad	trova 8
bank account	cuenta bancaria 3
beatings	embates 1
become infected	contagiarse 2

before	ante 1, 2
beforehand	antelación 7
beg	rogar (ue) 2
behave oneself	comportar(se) 3
behavior	comportamiento 3
behind	tras 3
believer	creyente *m.* 5
belt	cinturón *m.* 4
bend down	bajar(se); inclinar(se) 3
benefit	beneficiar 3
bet	apostar 4
between	entre 3
beyond	más allá 5
bind together	enlazar 7
binge	juerga 7
birth	nacimiento 2, 5
bite	picar 2
blanket	manta 5, 6; frazada 6
bloated	embalamiento 2
block	bloquear 3
blood	sangre *f.* having to do with blood sanguíneo 2
blow	soplar 4
board of directors	directiva 3
boastful	fanfarrón *m.* 1
bone	hueso 2, 6
born	nacer 6
boss	patrón *m.* 6
bother	molestar 3
bothered	molesto 3
bottom	fondo 4
boxing ring	cuadrilátero 4
braggart	pedante 1
brain	cerebro 2
branch office	sucursal *m.* 1
break	quebrar (ie); romper(se) 6
breakdown	colapso 2
breathe	respirar 5
brief	breve 1; fugaz 4
brochure	folleto 5
brother-in-law	hermano político 4
brunette	moreno 1
budget	presupuesto 3
burn ashes	calcinar 4
bury	enterrar 4
business	negocio 3
businessman	empresario 3
bustle	ajetreo 4

C

calmness	sosiego 8

cap	gorra 7
card	tarjeta 2
cardboard	cartón *m.* 6
care	cuidado 2
carry off	arrebatar 1
cartilage	cartílago 2
carve	tallar 8
cash	dinero en efectivo 3
castle	castillo 3
catch up	alcanzar 5
caution	cautela 2
chain	cadena 1, 8
challenge	desafío 8
champion	campeón *m.* 4
character	personaje *m.* 1
chat	charlar 6
chauvinism	machismo 6
checking account	cuenta corriente 3
chew	masticar 2
chilled	congelado 2
choose	escoger 1; elegir (i, i) 1, 7
claim	reclamar 6
climb	escalar, trepar 7
clinic	sanatorio 4
clog up	atascar(se) 1
clue	clave *f.* 5
cold	resfriado 2, 5
collapse	derrumbar 4
comic strip	tira cómica 4
command	mandato 3
compete	competir (ie, i) 6
competition	competencia; concurso 6
complaint	queja 7
complement	piropo 4
complete	llevar a cabo 5
computer	ordenador (In Spain) 6
concede	conceder 4
conceive	concebir 5
confidence	confianza 4
constipation	estreñimiento 2
consume	consumir(se) 1
contagion	contagio 2
contain	contener 1
contraceptive	anticonceptivo 2
contribution	aportación 5
convoke	convocar 3
cooing	arrullo 6
cooked	cocido 2
cool	fresco 2
cork	corcho 5
corresponding	correspondiente 2

cough	tos *f.* 2
count	contar (ue) 1
cover	portada 1, 4; cubrir 2; cobertura 5, 7
covered	tapado 2
covet	codiciar 4
cow	vaca 1
crash	chocar 6
crazy about	desvivir 1
credit history	historial de crédito 3
criticism	crítica 3
cross	cruzar 1; atravesar (ie) 4
crossroad	travesía 7
crowd	muchedumbre 1
crush	aplastar 3
crushed	triturado 2
cure	curar 2

D

daily	cotidiano 6
damage	daño 5
dare	atrever(se) 6
dawn	amanecer 4
death	fallecimiento 4
debt	deuda 2, 3
decline	decaer 5
dehydrated	deshidratado 2
dejected	desanimado 8
delay	demora 7
delivery (birth)	parto 6
demand	exigir 2
dentistry	odontología 2
depress	deprimir 2
deprive	privarse 3
depth	fondo 4
descend	descender (ie) 5
deserve	merecer 1
design	diseño 1; trazar 3
designate	designar 7
destroy	destrozar 5
deteriorate	deteriorar 7
deterioration	deterioro 5
develop	desarrollar(se) 1, 5
device	dispositivo 6
dictate	dictar 2
die	fallecer, morir (ue) 1
disadvantage	desventaja 7
disappear	desaparecer 4
disappoint	decepcionar; desilusionar 3
discipline	disciplinar(se) 3
discount	descontar (ue) 7

disenchanted	desencantado 1
dispatch	despachar 7
disposable	desechable 2
disproportionately	desmesuradamente 4
distant	lejano 4
distinguish	distinguir 1
dive	lanzar(se) 4, 5
doorknob	picaporte 2
doubt	dudar 2
dove	paloma 1
downpour	chaparrón *m.* 4
drawing	dibujo 1, 4
dryness	sequedad 2
dulling	embotamiento 2
duration	duración 1

E

ear	oído 5
earn	ganar 1
earthquake	terremoto 6
eat one's fill	hartar(se) 8
effectiveness	eficacia 2, 3
elapse	transcurrir 1
elevator	ascensor *m.* 3
emerge	surgir 1, 2
emphasize	enfatizar 3
employer	patrón *m.* 6
empty	vacío 2
end	acabar 2
endanger	arriesgar(se) 3
engineering	ingeniería 5
enjoy	disfrutar 2
enlarge	engrosar 2
enliven	amenizar 6
enterprise	empresa 1, 2, 7
entitle	titular 3, 7
entity	entidad 3
entourage	cortejo 6
entrust	encargar 7
environment	ambiente 5
equip	equipar 2
eraser	goma 1
erode	desmoronar 5
escalator	escalera mecánica 3
essayist	ensayista *m./f.* 1
establish	establecer 3
etch	grabar
etching	grabado 6, 8
evaluate	evaluar 3
even	siquiera 2
excess weight	sobrepeso 2

excrete   excretar 2
exit   salida 4
expectation   expectativa 5
experiment   experimentar 1, 5
expert   perito 4
exploit   aprovechar 1, 5
expose   exponer 7
extract   extraer(se) 2, 5

F

fabric   tela 7
factory   fábrica 2
faculty   departamento 1
fail   fallar 3
fall   caer(se) 1, 3
fan   aficionado 1
far   lejos 3
far from   distar 2
faucet   llave de grifería f. 2
feature   rasgo 8
feces   heces f. 2
fed up   harto 8
feed   alimentar 2
feel   sentir (ie) 5
feeling   sentimiento 2
fellow countryman   compatriota m. 7
fever   fiebre f. 2
fidelity   fidelidad 1
field   ámbito 1
fight   pelear 1
filled with joy   alborozados 4
financing   financiamiento 5
find out   enterarse de
find out about   averiguar 2, 7, 8
finish   acabar 2
first aid   botiquín 7
fist   puño 4
fit   caber 2
flavor   sabor m. 6
float   flotar 6
floor   suelo; piso 1, 3
following   a continuación 1
food   alimento,
                        comestible 2
form   formulario 3
found   fundar 7
fraternity,   fraternidad 3
free   gratuito 6
freeze   congelar (ie) 2
frenzy   frenesí 4
fresh   fresco 2

friendly   amable 1
fruitful   fructífero 1
fulfill   desempeñar 1, 3
fulfillment   cumplimiento 3

G

gain   ganancia 4
germ   germen m. 1
gesture   gesto 1, 3
give   entregar 3
give as a gift   regalar 6
gland   glándula 3
gloomy   tétrico 4
goal   meta 1
godfather   padrino 6
grab   agarrar 6
grass   hierba 2
grease   grasa 2
grimace   mueca 1
grip   apretar(se) (ie) 3
guess   adivinar 6
guilt   culpa 6

H

habits   hábitos 2
hairstyle   peinado 1
happen   suceder 2
happening   suceso 2
happiness   dicho 3
happy   dichoso 4
hard   duro 1
hardening   endurecimiento 6
harm   dañar 2, 7
harmonize   conciliar 5
health   salud f. 2
hearer   oyente 4
heart attack   infarto cardíaco 2
helpless   desamparado 5
hemorrhage   hemorragia 2
hide   esconder 3
higher degree   grado mayor 5
hinder   embargar 6
hit   golpe m. 1
hives   picores 2
hobby   pasatiempo 1
home   domicilio, hogar m. 2, 6
honey   miel f. 2, 3
horse   caballo 1
host   anfitrión m. 1
howl   aullar 4

hurl   arrojar 4

I

ice tray	cubetera 2
illegal	indebido 3
impede	impedir 3
impress	imprimir 1
improve	mejorar 1, 2, 3
in charge	encargado 1
in spite of	a pesar de 2, 4
incite	incitar 2
incompatible	incompatible 2
increase	aumento 2
indicate	indicar 5
indispensable	imprescindible 2
induce	inducir 2
infallible	infalible 3
ingest	ingerir 2
inherit	heredar 2
injection	inyección 2
injure	perjudicar 2
innocuous	inocuo 2
interest rate	tasa de interés 3
intervene	intervenir 2
interview	entrevistar 1
intransigent	intransigente 1
introduce (oneself)	presentar(se) 1
invest	invertir (ie, i) 5
involve	involucrar 2, 8
isolate	aislar 3, 4

J

jewel	joya 4
joke	chiste *m.* 1
jungle	selva 5, 7

K

keep	guardar 3
kiosk	estanquillo; quiosco 3

L

labor	afanar(se) 1
lack	falta 2; carecer 5
land	aterrizar 5
language	idioma 3
last	durar 1, 5, 7
law	ley *f.* 1
lead	encabezar 2
leader	caudillo 1

learning	aprendizaje *m.* 3
leather	cuero 1
leaves	hojas 2
left over	sobrar 5
level	arrasar 1; nivel *m.* 2
lid	tapa 7
light	ligero 5
light up	lucir 1
lime	calcio 2
line	línea 3
link	vincular 5
liver	hígado 6
loan	préstamo 3
locate	localizar 1, 3; ubicar 3
lodge	hospedar 1, 5
lodging	albergue *m.*; alojamiento; hospedaje 7
lower degree	grado menor 5
loyal	fiel 5

M

machinery	maquinaria 2
madden	enloquecer 4
maintain	mantener 2, 5
maintenance	manutención 7
majority	mayoría 5
make an effort	esforzar(se) 1
make pleasant conversation	amenizar 6
make sense	tener sentido 1
make sure	asegurar(se) 2
makeup	maquillaje *m.* 1
managerial	empresarial 3
manufacture	fabricar 2, 4
manufacturers	fabricantes 2
march	marchar 3
mare	yegua 1
mark	marcar 2
marry	casar(se) 1, 6
Martian	marcian 5
matter	asunto 1
medicine	remedio 2; medicine cabinet botiquín 7
meet	encontrar(se) (ue) 3
melt	derretir 4
message	mensaje *m.* 3
minimize	atenuar 2
mirror	espejo 1
miss	extrañar 1
misspend	malgastar 5

mistake	equivocar 6
mode	modo 1
model	modelar 1
monthly	mensual 3
more and more	cada vez más 5
mortgage	hipoteca 3
motto	lema *m*. 1
mountain chain	cordillera 7
mountain range	sierra 5
mournful	lúgubre 4
mouthful	bocado 2
move	trasladar; mudarse 7
move away	alejar(se) 2
movie	película 1
murmur	arrullo 6
mute	mudo 4

N

nail	clavo 8
nape	nuca 5
nature	índole *f*. 3
navigate	navegar 3
near	cerca 3
nearby	cercano 1
network	red 1, 5
nevertheless	sin embargo 2
New Yorker	neoyorquino 1
next to	al lado de 3
nibble	mordisquear 6
nickname	apodo 3
noise	ruido 7
not even	ni siquiera 2, 5, 7
notice	esquela 4
nourishing	alimenticios 2
nursing home	sanatorio, geriatrico 4

O

oasis	remanso 6
obstruct	obstruir 3
offer	oferta 1
official	funcionario 5
on tiptoes	en puntitas 4
only	sólo 5
opponent	contrincante 4
oppress	oprimir 3
order	mandar 3
orient	orientar 3
outcome	desenlace *m*. 1
outdoors	intemperie 5
overwhelm	abrumar 6
oxide	óxido 2

P

package	envoltorio 6
pageant	concurso 6
pain	dolencia 2
paint	pintar 7
painter	pintor *m*. 1
painting	cuadro; pintura 1
pair	pareja 2
paper	papel 5
passenger	pasajero 4
pathogenic	patógeno 2
patrol	patrulla 4
pattern	patrón *m*. 6
paw	pata 4
perennial	perenne 3
perform	
for the first time	estrenar 8
performance	cumplimiento 3
period	punto 3
perish	perecer 5
permission	consentimiento 2
perpetual	perpetuo 3
pertain	pertenecer 5
pharmacist	farmacéutico 2
physical	físico 1
physician	galeno, médico, facultativo, doctor 2
piece	pedazo 6
pill	pastilla 2
plating	enchapado 8
play	jugar (ue) 3
pleasure	gusto 5
plot	trama *f*. 1, 3; parcela 7
pocket	bolsillo 1, 4
pocketbook	bolsa 1
polish	pulir 6
portray	desempeñar el papel de 6
possible	factible 2
pray	rezar 4
prayer	oración 2, 4
prejudice	prejuicio 3
prescribe	prescribir 2
presume	presumir 1
pretend	fingir 8
previous	previo 1
principal	principal 1
prize	premio 8
promise	promesa, prometer 3
promote	promover (ue) 5
proposal	propuesta 3
prosthesis	prótesis *f*. 5

prototype	prototipo 5
proud	orgulloso 1
provide	proveer 6
pump	bombear 2
pursue	perseguir (i, i) 4, 5
push	empujar 5
put at risk	arriesgar(se) 3
put up with	soportar 5

Q

quality	calidad 2

R

race	carrera 1, 6
race	raza 5
raffle	sortear 6
raft	balsa 7
rag	jirón 8
range	ámbito 1
raze	arrasar 1
realization	realización 3
realize	realizar 2
reason	razón 2
receipt book	talonario 7
recognize	reconocer 1
reconcile	conciliar 5
recording	grabación 4, 8
recourse	recurso 5
recover	recobrar(se) 2, 3
recruit	reclutar 4
redo	rehacer 6
reduce	reducir 2
refreshing	refrescante 2
regret	sentir (ie) 5
regulation	regulación 2
relieve	desahogar 8
remain	durar 1, 5
remain, stay	quedar(se) 1
renew oneself	renovarse (ue) 2
renounce	renunciar 1
rent	alquilar 7
repair	reparación 7
replace	reemplazar; reponer(se) 3
require	requerir (ie) 2
requirement	requerimiento 2, 5
rescue	rescatar 2
residence	domicilio 2
respiratory	respiratorio 2
respite	tregua 4
rest	descanso 4
restrict	restringir 2

rethink	recapacitar 6
retina	retina 5
retired	jubilados 4
return	volver(se) (ue) 2; devolución 7
return address	remite 2
ribbon	cinta 5
risk	riesgo 2, 3, 8
role	papel 5
root	raíz 1
route	vía 2
ruin	arruinar, estropear 4

S

sailboat	barco a vela 5
salary	salario; sueldo 3
saliva	saliva 2
same	mismo 2
sanctuary	santuario 7
satisfied	satisfecho 3
satisfy	satisfacer 3
save money	ahorrar 3
savings account	cuenta de ahorros 3
scarcity	escasez 5
scene	escena 1
scope	ámbito 1
scornful	despectivo 8
sealed	precintado 7
seat	asiento 7
seed	semilla 8
seem	parecer 2, 4
send	enviar; mandar 3
seratonin	serotonina 2
server	mesero 1
serviceable	útil *m. pl.* 6
shade	sombra 7
share	compartir 1
shed tears	lagrimear 2
shine	brillo 6
shot	disparo 8
showcase	mostrador 2
sign	firmar 1; signos 2
signal	señal 2, 5
similar	asemejar 8
similarity	semejanza 1, 8
simple	sencillo 2
skeleton	esqueleto 2
skin	piel *f.* 5
slab	losa 2
slim	delgado 6
slot	ranura 3, 8
smell	olfato 5

smooth	suave 5
snatch away	arrebatar 1
sneeze	estornudar 2
soap	jabón *m.* 2
soap opera	telenovela 1
soft	blando 6
sole	solo 5
somebody	alguien 3
someone	alguno 1
son-in-law	yerno 6
sound	sonido 4, 6; sonar (ue) 7
spacious	amplio, amplísimo 7
spark	chispa 1
speaker	interlocutor 3
spell	deletrear 1
spend money	gastar 3
spinal cord	médula ósea 2
spirit	alma 4
spoil	desvirtuar 8
sponge	esponja 2
sponsor	patrocinar, patrocinador 1
spread out	tender 5
squeeze	apretar(se) (ie) 3
stage	escenario 1
stairs	escalera 3
stamp	cuño 5
star	estrella 1
stoop	bajar(se) 3
stop	parar; parada 3
story	cuento 3
strainer	colador 2
strata	estratos 5
straw	bombilla 2
strong	fuerte 1
stuck	atascado 1
subdue	someter 5
substance	sustancia 2
succeed	lograr 1
success	éxito 2
sudden	repentino; súbito 7
suffer	sufrir 2
suffering	a duras penas 1
suffocate	sofocar 3
suggest	sugerir (ie) 2
suggestion	sugerencia 2
summarize	resumir 3, 5
summary	resumen *m.* 2, 3
supplicate	suplicar 2
supply	abastecerse; suministrar 2
support	apoyar 1, 2
suppose	suponer 5
supreme	sumo 7

sure	cierto 1
surgery	cirugía 2
surname	apellido 1
surprised	sorprender(se) 1
surround	rodear 5
survive	sobrevivir 3
sustain	sostener 8
swell	hinchar 2
sword	espada 8

T

table	tabla 1
take a risk	arriesgar(se) 3
take advantage	aprovechar 1, 5
take into account	tomar en cuenta 2
take off	quitar(se) 4
take out	sacar 1
take, catch	coger 1
tax	impuesto 1
television network	cadena televisiva 1
tell	contar (ue) 1
ten	decena 2
thaw	deshelar (ie) 2
the act or effect of hitting something	acierto 3
theme	tema *m.* 1
then	luego 5
there is/are	hay 5
thickness	espesor 6
through	a través de 2
throw	arrojar 4
throw away	desechar 2
thunder	trueno 6
ties	lazos 1
tighten	estrechar 1; apretar(se) (ie) 3
tiptoe	en punta de los pies 4
tissue	tejido 2
toast	brindar 5
together with	junto con 3
tongue	lengua 3
too much/many	demasiado 1
touch	tacto 5
tour	recorrer 7; recorrido 7
towards	hacia 1
towel	toalla 2
toy	juguete 3
trademark	marca 5
training	entrenamiento 2, 3
transfer	transferir (ie); transferencia 3
transient	transeúnte 4
treat	tratar 2

treatment	tratamiento 2
trick	engañar 3
tricked	caer en la trampa 3
trigger	gatillo 2
triumph	triunfar 1
triumphant	triunfante 1
trouble	aquejar 1
true	verdadero 3
trunk	tronco 7
trustworthiness	confiabilidad 3
trustworthy	confiable 2
tune	tonada 8
turn off	apagar 6
turn on	prender 6

U

unavoidable	inevitable 5
unbalance	desequilibrio 2
unexpected	inusitado 2
unfaithfulness	infidelidad 6
unite	unir 3
unperturbed	inmutarse 4
until	hasta 2, 5
untiring	incansable 1
unused	desusado 2
urinal	urinario 2
utilize	utilizar 2

V

vaccine	vacuna 2, 5, 7
valise	valija 7
value	valor 3, 4
valued	cotizado 1
vary	variar 2
vast	amplio, amplísimo 7
vegetable	legumbre; verdura 2
venerate	venerar 6
verify	verificar 3
verse	copla 8
view	vista 5

W

walk	andar 3
want, love	querer (ie) 1
wardrobe	vestuario 1
watch over	vigilar 3
weapons	armas 1
wear	usar, durar 1, 5
wedding	boda 6
weekly	semanal 7

weigh-in	pesaje 4
weight	carga 3
wheels	ruedas 1
whichever	cualquier 2
whim	antojo 3
whisper	arrullo 6
whose	cuyo 2
wide	ancho, amplio, amplísimo 7
without weighing	sin pesar 2
witness	testigo 1, 2, 4, 7; presenciar 4
woman	mujer *f.* 1
wood	madera 2, 7
work	labrar 8
working day	jornada 5
worsen	empeorar(se) 1, 2, 5
worth	valer 1, 3
writing	escritura 1

Y

yield	ceder 3

Credits

Text Credits

P. 2: Advertisement reprinted by permission of Cristina Saralegui Enterprises, Inc.; page 4: "Mark … ¡Consuelame!" por Joy Sanchez, Latina, Nov. '97, p. 24; page 7: "A la una, a la dos" por Armand Limnander, Latina, Aug. '98, page 72; p. 10: "Daisy Fuentes" People en español, Jun/Jul '98, p. 55; page 13: "Albita" Latina, Aug. '97, p. 26; page 15: "Ya descansa Paz" por Gabriel García Márquez, People en español, Jun/Jul '98, p. 116; page 18: "Juegos en el *far west*" por Ana Arias Lizan, Viva, Dec. '95, pp. 58-59; page 36: Sparkling water advertisement reprinted by permission of Sparkling water company; page 39: Advertisement reprinted by permission of Reckitt Benckiser Inc.; page 43: ¿Qué es la depresión? reprinted by permission of Eli Lilly Corp.; page 48: ¿Qué es la donación de órganos? reprinted by permission of Channing L. Bete Co., Inc.; page 52: "Cambia esos malos hábitos" Mujer Nueva, April 2000, p. 15; page 55: "Los peligros de la automedicación" por Iván Iglesias, Familia Saludable, año 9, no. 11, pp. 58-60; page 70 "Cómo sobrevivir tu evaluación" por Joanna de León, Latina, Aug. '97, p. 77; page 73 "Aplastados por las deudas?" Latina, Oct. '99, p. 64; page 76: map of Madrid subway reprinted by permission of Metro de Madrid, S.A.; page 78: "Cómo enviar dinero en todo el mundo" reprinted by permission of Western Union; page 81: "Navega a la segura por la Red" por Nedda S. Perales Martin, Imagen, Aug. 2000, p. 38; page 95 "Pronóstico del tiempo" Diario ABC, Aug. 8, 1997, p. 50; page 98: "los obituarios" Diario ABC, Aug. 8, 1997, p. 74; page 102: "La joya del boxeo" por Alejandro Maciel, People en español, Oct. '98, p. 51; page 106 "Jon Secada presenta a Secada" por Néstor Espinosa, Temas, año 47, no. 546, 1997, pp. 46-48; Candido comic strip Diario ABC, Aug. 8, 1997; page 120 "El almanaque del futuro" Conozca más, no. 103, 1997, pp. 66-70; page 123 "Ecología y futuro, combinación explosiva" por Antonio Elio Brailovsky, La Nación, Jan. 31, 1999, pp. 82-83; page 127 "En qué dios creeremos? Muy Interesante, año xvii, no. 4, p. 18; page 130 "¿Quién se hará rico con Marte, el planeta rojo?" Muy Interesante, año xvii, no. 4, p. 12; page 132 "Medicina: predicciones futuras" Muy Interesante, año xvii, no. 4, pp. 9-10; page 140: Advertisement reprinted by permission of Newell Rubbermaid; page 142: "¿Qué le regalaría a la competencia?" Cristina, año 10, no. 12, p. 16; page 151 "Un verano de Internet" Cambio 16, 11 de Agosto, 1997, pp. 84-85; page 154: "Rita Moreno" Cristina, año 10, no. 9, p. 44; page 164: "Viajar seguro" por David Bufom y Santiago Muñoz, Cambio 16, July 9, 1999, p. 71; page 170: "Los alemanes invaden la isla canaria de La Palma" por Luis Algorri y Iñigo de Salas, Tiempo, 11 de agosto, 1997, p. 29; page 173: "Una adventura: Costa Rica, el paraíso perdido" por Marjorie Ross, reprinted by permission of American Airlines; page 190: "Presuntos Implicados: El bolero es el soul latino" Cambio 16, Sept. '99, p. 76; page 194: "Los secretos del grabado" Cambio 16, Sept. '99, p. 76; page 201: "Isabel Allende: El exilio me hizo novelista" Cambio 16, Dec. 1997, pp. 74-77; page 204: "Viaje a la semilla de García Marquez" por Luis Frontera, Revista Nueva, Nov. 14, 1999, pp. 20-29

Photo Credits

p. 1 (left) Andrew Eccles, AP/Wide World Photos; p. 1 (center) Joe Thomas, Liaison Agency Inc.; p. 1 (right) Marta Lavandier, AP/Wide World Photos; p. 2 (left) Vince Bucci, Liaison Agency Inc.; p. 2 (right) Leonardo da Vinci, La Giaconda, Louvre, dep. des Peinteures; p. 4 Andrew Eccles, AP/Wide World Photos; p. 7 Christie's Images Inc.; p. 10 Joe Thomas, Liaison Agency Inc.; p. 13 Marta Lavandier, AP/Wide World Photos; p. 15 Mary Kent, AP/Wide World Photos; p. 35 (right) Joe Reedle, Liaison Agency Inc.; p. 55 Joe Reedle, Liaison Agency Inc.; p. 67 (left) photo courtesy of Julia Caballero; p. 68 photo courtesy of Julia Caballero; p. 89 (left) Bob Daemmrich, Stock Boston; p. 89 (center) Jeff Katz, Liaison Agency Inc.; p. 89 (right) Mark Wilson, Liaison Agency Inc.; p. 92 Bob Daemmrich, Stock Boston; p. 102 Jeff Katz, Liaison Agency Inc.; p. 106 Mark Wilson, Liaison Agency Inc.; p. 117 (left) Pat Rawlings, NASA/John F. Kennedy Space Center; p. 117 (center) Metro France, Corbis/Sygma; p. 118 Liaison Agency, Inc.; p. 120 Pat Rawlings, NASA/John F. Kennedy Space Center; p. 123 Metro France, Corbis/Sygma; p. 132 David Gilford, Photo Researchers Inc.; p. 139 (left) photo courtesy of Univisión Network; p. 139 (center) photo courtesy of Univisión Network; p. 139 (right) Jimmy Dorantes, Latin Focus photo agency; p. 142 (top) photo courtesy of Univisión Network; p. 142 (center right) photo courtesy of Telemundo; p. 142 (center left) photo courtesy of Telemundo; p. 142 (bottom) photo courtesy of Univisión Network; p. 154 Jimmy Dorantes, Latin Focus photo agency; p. 161 (left) Ed Simpson, Stone Agency; p. 161 (center) Stuart Westmorland, Stone Agency; p. 161 (right) Robert Frerck, Stone Agency; p. 167 Ed Simpson, Stone Agency; p. 173 Stuart Westmorland, Stone Agency; p. 176 Robert Frerck, Stone Agency; p. 187 (left) EFE News Services Inc.; p. 187 (center) Fernando Pastene, Latin Focus Agency; p. 187 (right) David Cantor, AP/Wide World Photos; p. 190 EFE News Services Inc.; p. 194 Richard Pasley, Stock Boston; p. 201 Fernando Pastene, Latin Focus Photo Agency; p. 204 David Cantor, AP/Wide World Photos

Index